·未来学校创新计划系列丛书·

未来教师的
数字化资源制作与管理

丛 书 主 编　王　素
丛书副主编　袁　野　李　佳
本 书 主 编　陈有志
本书参编（按姓氏笔画排序）
　　　　　　刘进军　佘友军　蒋小春　程　然

**助你成为
数字化资源的
高手**

机械工业出版社
CHINA MACHINE PRESS

人工智能时代已经来临，数字技术在教育领域的应用日益广泛，未来的教师需要积极适应未来教育与学习的变革，掌握现代教育技术；在开发整合相关教育资源的基础上，通过改进与创新教学方式，培养学生形成正确价值观、优良品格与关键能力。

　　本书共六章，由经验丰富的信息化专业教师撰写。本书列举大量的实例，从数字化资源的采集、制作、管理三方面，为老师呈现数字化教学资源设计与使用的全过程，解答教学工作中遇到的常见问题。本书每章都提供了学习目标、知识导学图，并结合该章内容安排了实践类研习任务，让老师们在实践中学习，在学习中思考，在思考中实践，在"学"与"习"中进步。

　　扫描封面上的二维码，就可观看更为详细的解读，方便老师更好地使用本书。

图书在版编目（CIP）数据

未来教师的数字化资源制作与管理 / 陈有志主编. —北京：机械工业出版社，2022.1
（未来学校创新计划系列丛书）
ISBN 978-7-111-70243-6

Ⅰ. ①未… Ⅱ. ①陈… Ⅲ. ①数字技术–应用–中小学–教学研究 Ⅳ. ① G632.0-39

中国版本图书馆 CIP 数据核字（2022）第 034518 号

机械工业出版社（北京市百万庄大街 22 号　邮政编码 100037）
策划编辑：熊　铭　　　　责任编辑：熊　铭　高　晶　夏晓琳
责任校对：张　薇　李　婷　责任印制：李　昂
北京联兴盛业印刷股份有限公司印刷
2022 年 6 月第 1 版第 1 次印刷
184mm×260mm・12.5 印张・263 千字
标准书号：ISBN 978-7-111-70243-6
定价：69.00 元

电话服务　　　　　　　　网络服务
客服电话：010-88361066　机 工 官 网：www.cmpbook.com
　　　　　010-88379833　机 工 官 博：weibo.com/cmp1952
　　　　　010-68326294　金 书 网：www.golden-book.com
封底无防伪标均为盗版　　机工教育服务网：www.cmpedu.com

Foreword 前言

随着网络的普及和在线教育的发展,我们的学习不再仅仅局限于传统的校内课堂或线下培训。随时随地通过多样化学习工具、学习资源开展学习已成为人们普遍的学习方式。2020年新冠肺炎疫情引发了大规模的教育变革实践,这让学习空间和学习方式都发生了根本性的变革,加速了教育现代化的进程,促进了未来学校的发展,让未来教育图景愈加清晰,为我国教育变革带来新的挑战和机遇。

我们服务的学生已经是数字化时代的原住民,数字化时代的老师需要具备哪些技能?阅读、写作和计算曾被视为传统教育的三大基石。以阅读为例,我们研究优化阅读文本,例如借助图画、舞蹈等加以演绎。当数字化时代来临,原本线性的文本阅读变成网状的超文本阅读,单纯的文字阅读变成多媒体的阅读。如果我们将阅读理解为接收信息,写作理解为交流表达信息,计算理解为规划、预测、处理信息,那么我们在接收信息时已经是图式化了。在这样一个时代,老师已经不可能仅仅依靠粉笔加黑板的板书内容与学生交流了。

1997年我工作的学校开设计算机课,我与一批年轻老师在基于NOVELL网的DOS无盘工作站上开始了Copy命令和五笔输入法的学习,之后经历了Authorware3到Authorware7的更替,也参与了一些书籍的编写。Authorware终因不够亲民被PPT所替代,其间也有Flash短暂盛行,当一台台孤立的计算机成为互联网上的终端之后,网络化教学与办公推动了数字化的第二波浪潮,随之而来的还有App、大数据、物联网、人工智能等众多新生事物。当网络上海量的信息涌来时,很多人甘于大数据筛选后的信息推送,放弃了自主选择,甄别信息的机会。当大量的信息在我们眼前快速闪过之后,需要再调取这些信息时,因为没能及时记录整理,许多人往往要经历烦琐的二次搜索,浪费了大量的精力。

数字化时代引发了众多变化,我们需要迅速提升自己的信息素养。在梳理了当前教育教学中涉及的应用场景后,第一章我们从数字化资源的采集入手,经历搜索与获取的过程,探寻其中细节，树立正确信息道德观。第二章～第四章围绕图像、视频、动画的制作，帮助老师们掌握多媒体素材的使用，这三章我们努力拓展多种应用软件，希望能在横向对比中一探其中的共同点。第五章，我们安排了一个大家觉得很简单的软件 PowerPoint，当我们熟练掌握它之后会发现，用它可以完成常见的图像、视频、动画的制作。如果老师们能突破这一章，您将打通"任督二脉"，凭借 PowerPoint "笑傲江湖"。第六章介绍了多种工具搭建我们的"第二大脑"，整合我们的信息资源，让我们身体的大脑专注于思维与决策。

为了您在本书的阅读过程中，学习、思考、实践时有所收获，我们每一章都安排了学习框架和研习任务。

愿我们的努力，能为您的前行有所助力；

愿本书的学习，能为您的教学增添动力；

愿共同的努力，能提升学生们的竞争力。

陈有志

Contents 目录

前　言

第一章　数字化资源的采集 1

1.1 资源的查找 3
  1.1.1 搜索引擎的妙用 3
  1.1.2 数字资源在哪里 6
1.2 资源的获取 7
  1.2.1 复制网页文字 7
  1.2.2 下载微信公众号中的图片 10
  1.2.3 获取各种平台中的视频 13
1.3 信息的道德 17
  1.3.1 信息道德行为是什么 17
  1.3.2 如何自律维护信息道德 18
  1.3.3 如何保护个人隐私信息 18

第二章　图像的加工处理 23

2.1 拍出你的笑容 25
  2.1.1 认识数码设备 25
  2.1.2 玩转数码设备 29
  2.1.3 常见的图片格式 33
2.2 秀出你的精彩 36
  2.2.1 你的色彩可以这样秀 37
  2.2.2 图文并茂就是这么炫 40
  2.2.3 证件照这样做出来 44
2.3 靓出你的造型 49
  2.3.1 光线的神奇魔术 49
  2.3.2 我的青春我做主 52
  2.3.3 图片处理批发商 55

第三章　视频的加工处理 58

3.1 记录美好生活 60
  3.1.1 视频的"族谱" 60
  3.1.2 我的"帧"世界 62
  3.1.3 万宗归流 64
3.2 发现有趣的世界 69
  3.2.1 用什么角度拍 69
  3.2.2 杂乱无章抓重点 72
  3.2.3 分镜效果666 75
3.3 视频编辑软件 77
  3.3.1 截长补短 77
  3.3.2 我的配音我做主 83
  3.3.3 图片轮播嗨起来 88

第四章　动画的加工处理 97

4.1 制作情境动画 99
  4.1.1 制作瀑布情境动画 99
  4.1.2 制作静夜情境动画 101
  4.1.3 制作各种天气情境动画 ... 102
4.2 制作讲述动画 105
  4.2.1 制作手绘动画 105
  4.2.2 制作卡通讲解动画 114
4.3 制作二维动画 119
  4.3.1 制作补间动画 119
  4.3.2 制作人物动画 123

第五章 "另类"的 PowerPoint 125

5.1 异曲同工之图像处理 127
5.1.1 恐龙解说图 127
5.1.2 巧制月相图 135

5.2 多彩纷呈之动画制作 138
5.2.1 震撼动画开启屏幕 138
5.2.2 巧制倒计时效果动画 142
5.2.3 流动字体遮罩动画 144
5.2.4 细节放大效果动画 147
5.2.5 文字笔顺演示动画 148
5.2.6 3D模型展示动画 150

5.3 妙趣横生之交互设计 153
5.3.1 超链接制作课件导航栏 153
5.3.2 花的结构交互动画 155

5.4 奇思妙想之插件应用 158
5.4.1 PPT速成工具 iSlide 158
5.4.2 PPT "另存为"的妙用 160

第六章 数字化资源的管理 163

6.1 信息化协作之"网" 165
6.1.1 即时远程指导 165
6.1.2 微信公众平台 168
6.1.3 视频会议系统 170

6.2 信息化多彩的"云" 173
6.2.1 五彩缤纷的"云" 173
6.2.2 微云那些事儿 177
6.2.3 免费不限速的"云" 182

6.3 信息化的记录"本" 185
6.3.1 认识 OneNote 185
6.3.2 网络协同办公 189

术语、技巧索引 194

Chapter 01
第一章　数字化资源的采集

本章学习目标

1. 能通过搜索引擎找到自己需要的资源。
2. 通过合适的工具获取该资源。
3. 保护个人隐私，构筑防火墙免受骚扰。

本章学习要点

本章 1.1 节从常见的搜索引擎入手，帮助教师在纷繁海量的信息中查询所需的资源，从常见的关键词搜索到"以图搜图"，拓展搜索对象的描述方式；从允许搜索引擎抓取的网站资源到自成一体的网站资源，拓展对网站资源的认识。1.2 节则聚焦如何获取找到的资源，以文本资源、图片资源、视频资源为例讲解如何利用常见的工具。1.3 节则从信息道德引入，介绍我们应该怎样遵循信息道德，如何保护自己免受信息骚扰。

本章知识导学图

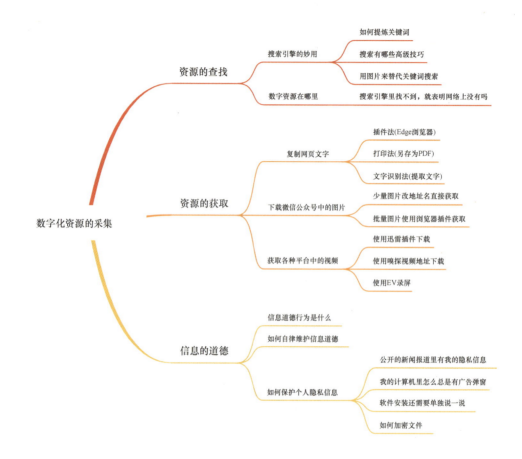

你的学习计划

	学习内容	概念	实践	问题	成果
资源的查找	搜索引擎的妙用				
	数字资源在哪里				
资源的获取	复制网页文字				
	下载微信公众号中的图片				
	获取各种平台中的视频				
信息的道德	信息道德行为是什么				
	如何自律维护信息道德				
	如何保护个人隐私信息				

1.1 资源的查找

不知不觉，我们已经进入了 5G 的万物互联时代，一切皆可入网。互联网已经极大地扩充了其内容，网络可以满足我们的精神需求，也极大地方便我们的衣食住行，我们的生活、学习、工作、娱乐等都与网络密切相关。泛在网络也充斥着海量的信息，纷乱庞杂，筛选有用信息成为我们网络泛舟的基本功，那我们就从搜索引擎的使用开始吧。

1.1.1 搜索引擎的妙用

我们对搜索引擎不陌生，甚至熟悉到忘了它的存在。直接在地址栏中输入想查找的内容，浏览器自动将关键词投入到了搜索引擎里。那么关于搜索引擎的使用有哪些知识与技巧，让我们一起来了解一下。

如何提炼关键词

大多数搜索引擎支持分词搜索，所以当你搜索资源的时候尽量不要用说话的语气去搜索，比如"北京有哪些好吃的"换成"北京美食"，你可能会获取到更多的信息。

与搜索引擎互动的是我们提出的要求。众所周知，要在搜索引擎上搜索信息首先必须输入关键词，所以说关键词是一切事情的开始。**关键词的内容大多为网站名、网页名、新闻事件、人名、术语、软件名等。**

大部分情况下我们找不到所需的信息是因为在关键词选择方向上发生了偏差，学会从复杂搜索句子中提炼出最具代表性和指示性的关键词对提高搜索效率至关重要，这方面的技巧（或者说经验）是所有其他搜索技巧的基础。

选择搜索关键词的原则，**首先确定你所要达到的目标**，要形成一个比较清晰的概念，即要找的到底是什么？是资料性的文档，还是某种产品或服务？**然后再分析这些信息都有些什么共性**，以及区别于其他同类信息的特性，**最后从这些方向性的概念中提炼出此类信息最具代表性的关键词。**如果这一步做好了，往往就能迅速定位你要找的内容，而且多数时候你根本不需要用到其他更复杂的搜索技巧。

百度搜索帮助中心给出如下建议：

搜索技巧，最基本同时也是最有效的，就是选择合适的查询词。选择查询词是一种经验积累，在一定程度上也有章可循。

表述准确

百度会严格按照你提交的查询词去搜索，因此，查询词表述准确是获得良好搜索结果的必要前提。

一类常见的表述不准确情况是，头脑中想着一回事，搜索框里输入的是另一回事。

例如，要查找 2021 年国内十大新闻，查询词可以是"2021 年国内十大新闻"；但如果把查询词换成"2021 年国内十大事件"，搜索结果可能就不能满足需求了。

另一类常见的表述不准确情况是查询词中包含错别字。

查询词的主题关联与简练

目前的搜索引擎并不能很好地处理自然语言。因此，在提交搜索请求时，最好把自己的想法提炼成简单的且与希望找到的信息内容主题关联的查询词。

用实例说明。某三年级小学生，想查一些关于时间的名人名言，他的查询词是"小学三年级关于时间的名人名言"。这个查询词很完整地体现了搜索者的搜索意图，但效果并不好。绝大多数名人名言，并不规定是针对几年级的，因此，"小学三年级"事实上和主题无关，会使得搜索引擎丢掉大量不含"小学三年级"，但非常有价值的信息；"关于"也是一个与名人名言本身没有关系的词，多一个这样的词，又会排除很多有价值的信息；"时间的名人名言"，其中的"的"也不是一个必要的词，会对搜索结果产生干扰；"名人名言"，名言通常就是名人说过的，在"名言"前加上"名人"，是一种不必要的重复。因此，最好的查询词应该是"时间名言"。

根据网页特征选择查询词

很多类型的网页都有某种相似的特征。例如，小说网页，通常都有一个目录页，小说名称一般出现在网页标题中，而页面上通常有"目录"两个字，点击页面上的链接，就进入具体的章节页，章节页的标题是小说章节名称；软件下载网页，通常软件名称在网页标题中，网页正文有下载链接，并且会出现"下载"这个词。

★ **研习任务** ★

从网上找到图 1-1 中动物的相关信息。

要完成这个任务，我们就需要用文字来描述我们所看到的动物特征。如：它最明显的外形特征让我们想到了龟，是乌龟吗？从它的足，我们可以判断它是海龟，而不是乌龟！接着我们从外形聚焦到它背上披着鳞片状的壳，也有点像房屋上盖的一层层的瓦……在此基础上，我们可以逐步丰富它的独有特征，形成如下关键词："海龟 鳞片状壳"或者"海龟 瓦状壳"。

图 1-1

在搜索到的结果列表中，通过给出的具体介绍来具体甄别，最终确认它是一只玳瑁。

搜索有哪些高级技巧

高级搜索指令其实不难学，因为搜索引擎旁边都有现成的图形化界面指导。

比如百度，在百度页面右上角的设置中找到【高级搜索】，单击该按钮，就出现了【高级搜索】界面，如图 1-2 所示，这基本包括了百度所有的高级搜索指令。

图 1-2

技巧收藏夹

常见的高级搜索技巧：

1. 站内搜索：组合使用 site 和关键词。
2. filetype 指令：用于指定文件类型搜索，搜索条件较严格；经常直接用"文件名＋格式"搜索。
3. 关键词：包含关键词代表语句完全匹配搜索，是最简单、有效的准确搜索方式。在这种情况下，搜索引擎只会反馈和关键词完全吻合的搜索结果。
4. －(减号)：用于从搜索结果中排除减号后面的内容。

★ 思考与实践

使用高级搜索，在你经常访问的网站里找到你所感兴趣的内容。

我们可以先调出高级搜索界面，输入你想搜索的关键词，并指定网站域名。例如从中国教育科学研究院网站（http://www.nies.edu.cn/）查找关于"未来教师"的相关内容。

用图片来替代关键词搜索

如果你手头有一张图不够清晰，或者需要确定这张图中的内容，都可以使用"以图搜图"的方法来解决这个问题。我们还以那张玳瑁的图片为例，在百度中，如图 1-3 所示，单击照相机图标，并上传玳瑁的图片，无需用关键字描述这张图，就可以找到这张图的相关信息。

图 1-3

1.1.2 数字资源在哪里

搜索网站都具有很强的搜索技术，通过这些技术能找到网站上各种文件与信息，但是有些数字资源通过搜索引擎可能查找不到。

📖 搜索引擎里找不到，就表明网络上没有吗

有一些网站是限制搜索网站来抓取数字资源信息的，如京东、淘宝这类购物网站，再比如微信公众号里的信息。

我们先简单了解网站是如何避免搜索引擎抓取信息的。

搜索引擎一般使用 Spider 程序自动访问互联网上的网页并获取网页信息。Spider 在访问一个网站时，首先会检查该网站的根域下是否有一个叫作"robots.txt"的纯文本文件，这个文件用于指定 Spider 在该网站上的抓取范围。例如想防止所有搜索引擎抓取该网站的快照，可在 robots.txt 的 <HEAD> 部分输入 <meta name="robots" content="noarchive">。

要允许其他搜索引擎显示快照，但仅防止百度显示，可使用以下标记：

<meta name="Baiduspider" content="noarchive">。

所以，当我们在搜索网站无法找到相关信息的时候，或许可以在淘宝等网站自身的搜索框里再试一试。

再比如，现在许多的资源来自微信公众号，通过搜索引擎是无法找到这些资源的，我们可以通过如图 1-4 所示，计算机端微信的搜索来查找相关资源。

图 1-4

我们在制作数字化作品的过程中，会用到视频、音乐、图片、文档，甚至是好看的字体，PPT 的模板、背景等。数字化时代，有一些网站专门搜集整理这些素材提供给需要的人。

★ 研习任务 ★

使用搜索引擎查找资源网站,如用关键词"PPT模板"。整理一份网站清单,一来练习关键词搜索,二来访问并筛选合适的网站以备教学之需。请及时将这些网站添加到浏览器的收藏夹中。

资源类型	搜索关键词	网站名称
视频		
图片		
文档		
PPT		
字体		
音乐		

1.2 资源的获取

网络上资源丰富,我们通过搜索引擎找到了相关资源,然后选中、复制、粘贴,或者以下载的方式保存到本地,有些资源的获取需要我们综合使用多种软件。

1.2.1 复制网页文字

在做课件时经常会用到网页上一些文字,有些网页却无法直接复制,这种情况下怎么办?这里推荐三种方法:

插件法(Edge浏览器)

微软公司在2015年将Win10内置浏览器正式命名为Microsoft Edge,2018年微软公司新的Edge浏览器迁移为Chromium内核。Microsoft Edge浏览器功能很全面,不仅内置微软Cortana插件,可以为用户带来更多人性化的服务,Microsoft Edge浏览器还具有支持插件扩展、网页阅读注释等特色功能,而这些功能Internet Explorer浏览器是不支持的。相比Internet Explorer浏览器每一个版本的更新都会考虑之前系统的兼容问题,Microsoft Edge将不会支持ActiveX、VBScript、VML和各种第三方工具栏。Edge浏览器比较精简,可以提升用户浏览网页的速度,为用户带来高效便捷的网页浏览体验。跟Edge浏览器相似,可以扩展插件的浏览器还有火狐浏览器、360极速浏览器等。

Edge浏览器的插件安装方法:单击浏览器右上角【设置及其他】按钮,在菜单栏选择扩展菜单项,弹出扩展窗口。窗口中显示已经安装的扩展,如图1-5所示;如果想获取更多的扩展,可以单击获取Microsoft Edge【扩展】按钮,进入如图1-6所示的Microsoft Edge外接程序界面,在界面中可以看到有多种类型的扩展程序,找到自己需要的扩展程序后单击【获取】按钮，在弹出小窗口里单击【添加扩展】按钮（如图 1-7），就可以添加了。添加成功之后，在快捷操作栏将显示扩展程序的【快捷】按钮。当我们需要使用扩展程序的时候，单击快捷按钮就可以使用。

图 1-5

图 1-6

图 1-7

对 Edge 浏览器及扩展插件有所了解后，我们借助【SuperCopy 超级复制】插件实现复制，如图 1-8 所示。

图 1-8

打开 Edge 浏览器，找到想要复制的文本所在网页，单击【SuperCopy 超级复制】插件成蓝色，然后选中需要复制的文本，则可以轻松复制。

打印法（另存为 PDF）

我们还可以用"打印法"来获取网页内容。当然不是真的连接打印机进行打印，而是"Ctrl+P"组合键调出打印页面，目标打印机选择"另存为 PDF"，单击【保存】，如图 1-9 所示。

图 1-9

在打印的时候,有时会将主要内容旁边无用的广告也打印下来,这并不是我们想要的,此时只需要选定想要打印的文字或段落,然后在"更多设置"中勾选"仅限选定内容"就可以打印选定的文字。

文字识别法(提取文字)

还可以借用 QQ 软件截图,识别文字。不过此方法不能实现批量转文字,提取单张图片较为方便。

登录 QQ,按快捷键"Ctrl+Alt+A"进行截图,如图 1-10 所示,单击下方【文】按钮,用"屏幕识图"进行文字识别,如图 1-11 所示,单击右下角【复制】按钮,可以将文档文字内容进行复制。

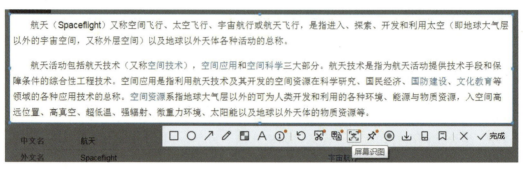

图 1-10

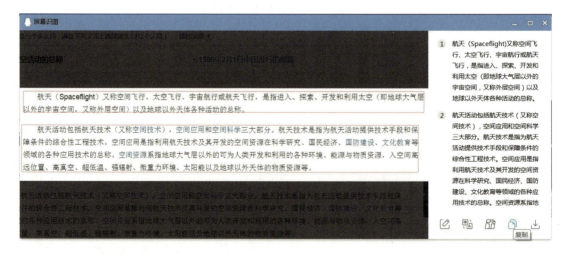

图 1-11

1.2.2 下载微信公众号中的图片

日常工作中,有时我们需要下载微信公众号的图片,但保存下来的为 webp 文件,不能被 word 文字编辑软件直接使用,怎么办?这个问题的关键是文件格式,webp 是一种同时提供了有损压缩与无损压缩（可逆压缩）的图片文件格式，目前还不如 jpg、png 等格式应用广泛，因此在一些场合还需要使用专用的软件进行编辑。其实，微信公众号在提供 webp 格式下载同时也提供了 jpg 格式的图片。

少量图片改地址名直接获取

方法

用计算机浏览器打开需保存图片的微信公众号文章，单击右键需要保存的图片【在新标签页中打开图像】，如图 1-12 所示，将图片地址中“webp”字段（如图 1-13 所示）改为“jpeg”（如图 1-14 所示），“png”等图片格式后缀。

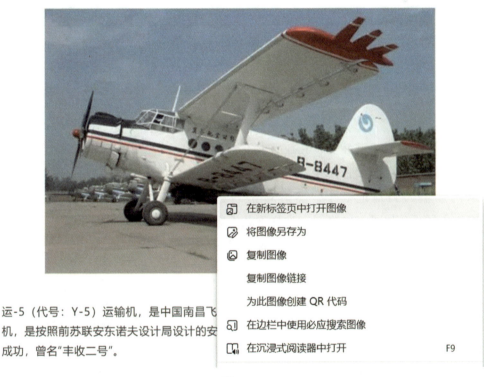

B-8447
在新标签页中打开图像
将图像另存为
复制图像
复制图像链接
为此图像创建 QR 代码
在边栏中使用必应搜索图像
在沉浸式阅读器中打开
F9
运-5（代号：Y-5）运输机，是中国南昌飞
机，是按照前苏联安东诺夫设计局设计的安
成功，曾名“丰收二号”。

图 1-12

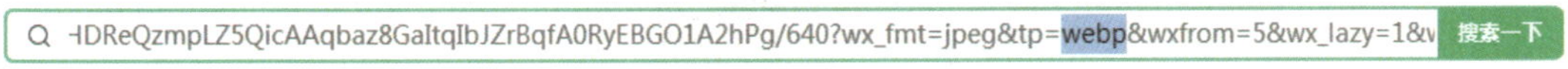

HDReQzmpLZ5QicAAqbaz8GaltqIbJZrBqfA0RyEBGO1A2hPg/640?wx_fmt=jpeg&tp=webp&wxfrom=5&wx_lazy=1&
搜索一下

图 1-13

EQeyK3dmnJWHDReQzmpLZ5QicAAqbaz8GaltqIbJZrBqfA0RyEBGO1A2hPg/640?wx_fmt=jpeg&tp=jpeg&wxfrom=5

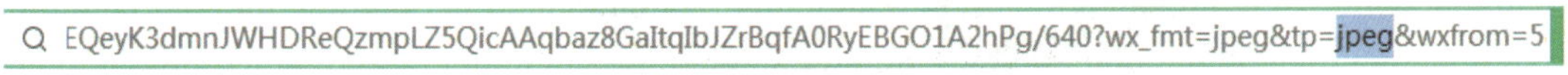

图 1-14

修改后，按 F5 键刷新图片地址，这里新网页的图片格式就发生更改，便可以右键保存图片到计算机，如图 1-15 所示。

图 1-15

📷 批量图片使用浏览器插件获取

★ 方法

通过 Edge 浏览器下载并安装 Fatkun 插件。

打开 Edge 浏览器,把微信公众号有图片的文章网址输入到地址框中,然后单击右边【FATKUN】插件,如图 1-16 所示。选择下载【所有页面】后,就批量获取了所选网页上的所有图片,如图 1-17 所示。

图 1-16

图 1-17

如图 1-18 所示，单击【全选】按钮，然后把太小的图片或不想要的文件点击去掉。

图 1-18

最后单击左上方的【下载】按钮，就能批量下载微信公众号上的所有你需要的多张图片了，如图 1-19 所示。

图 1-19

1.2.3　获取各种平台中的视频

制作课件时候需要下载和使用视频。可以在计算机的浏览器中搜索到相关视频，通过视频网站提供的相应播放器来下载。有些播放器下载的视频格式比较特殊，能否通过其他办法来获取通用格式，如 MP4 的视频？

使用迅雷插件下载

★ 工具

Edge 浏览器　迅雷下载插件迅雷最新版。

★ 方法

先安装"迅雷下载支持"插件，在浏览器扩展程序中可见，如图 1-20 所示插件。

还需要安装最新版本迅雷下载。当你打开网页时，【下载视频】的图标就会出现在视频左上角，如图1-21所示，说明此视频是支持浏览器下载的，无须安装特定的下载软件即可下载，这里出现了迅雷下载图标，说明单击此图标就可以直接使用迅雷下载。

图1-20

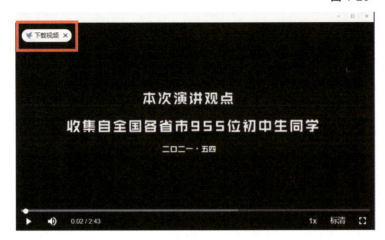

图1-21

在这一方法中，迅雷插件负责侦测当前页面中视频的实际地址，并将地址信息提供给迅雷下载软件。迅雷软件则负责下载该地址对应的文件。

使用嗅探视频地址下载

如果打开视频网页时没有下载图标出现如何下载？在想要下载视频的页面中按F12键打开开发者模式，如图1-22所示。

图1-22

第一章 数字化资源的采集

依次单击【元素】→【布局】，找到视频真实地址，并复制该地址，如图 1-23 所示。

图 1-23

通常迅雷下载会自动添加下载链接，选择【文件下载】→【本地文件夹】下载该视频。如果没有自动添加，可以打开迅雷下载，在新建任务中添加链接，粘贴视频地址。

扫描封面上的二维码，观看使用嗅探视频地址下载的操作过程视频。

使用 EV 录屏

EV 录屏，是一款专业的计算机录屏直播软件，软件纯净无广告，使用非常简便，如图 1-24 所示。它集视频录制与直播串流于一体，支持各大直播平台 RTMP 串流；不但支持桌面任意选区录制、多摄像头、多图片和文字水印；也支持窗口穿透预览录制，保证录制的串流画面不受干扰。

图 1-24 ⊖

★ 选择录制模式

EV 录屏分为"本地录制"以及"在线直播"两种模式，常用的录屏就是"本地录制"，双击桌面图标打开软件，选择【本地录制】，如图 1-25 所示。

选择录制区域：单击下方选择【选区录制】按钮，会有几种模式给你选择。

◇ 全屏录制：录制整个电脑桌面。

◇ 选区录制：录制自定义区域，如图 1-25 所示。

⊖ 扫描封面上的二维码，可获取书中用到的配套软件。

◇ 只录摄像头：选择单录摄像头。

◇ 不录视频：录制时只有声音，没有画面。一般用于录制 MP3 格式文件。

图 1-25

这里只是用来录制网页上播放的视频，因此我们打开浏览器，播放需要录制的网页视频，自由选择好录制域，这样选择网页页面里的视频播放窗口就可以进行录制了。

★ 录制和保存

单击【开始】按钮或按"Ctrl+F1"（默认）开始录制；再单击【结束】按钮或按"Ctrl+F2"结束录制。录制完毕后，查看视频，只需要单击【列表】打开视频列表，如图 1-26 所示，双击文件即可播放该视频；单击文件右侧的【更多】按钮，可以重命名视频，高清转码视频，还可以上传云端分享。另外，选择【文件位置】可快速定位到文件在计算机的具体位置。

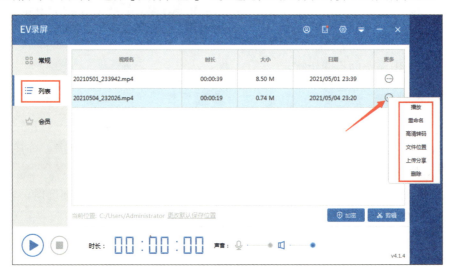

图 1-26

> 📖 拓展资料

Edge 常见插件及功能

名称	功能
AdGuard 广告拦截器	AdGuard 广告拦截器可有效拦截网页上的所有类型的广告
Save to Pocket	将您要留着以后阅读和观看的文章、新闻故事和视频保存在 Pocket 中。在手机、平板电脑和计算机上看它们，享受美观且方便观看的布局带来的舒适体验
SimpRead 简悦	让你瞬间进入沉浸式阅读的 Chrome 扩展，类似 Safari 的阅读模式
Dark Reader	这是一个护眼扩展程序，通过实时生成"黑暗主题"，为每一个网站启用夜间模式
smartUp 手势	充分发掘鼠标的所有操作。功能包括：鼠标手势、超级拖拽、滚轮手势、摇杆手势、平滑滚动、标签页列表、后台打开标签页等

★ 研习任务 ★

Tampermonkey（油猴）是一款免费的浏览器扩展和最为流行的用户脚本管理器，它适用于 Chrome, Microsoft Edge, Safari, Opera Next 和 Firefox。虽然我们介绍的 Edge 浏览器也具备扩展插件支持功能，但 Tampermonkey 在脚本管理方面功能更加强大和便捷。它提供了诸如便捷脚本安装、自动更新检查、标签中的脚本运行状况速览、内置编辑器等众多功能。同时 Tampermonkey 还有可能正常运行原本并不兼容的脚本。建议给 Edge 浏览器安装"油猴"进一步扩展浏览器的功能。

1.3 信息的道德

1.3.1 信息道德行为是什么

信息时代人类最基本的社会行为是信息行为。**信息道德便是信息制造者、信息服务者和信息使用者的信息行为的规范。信息道德是在信息技术发展的前提下形成的，是人们利用电子信息网络进行交往时所表现出来的一种道德关系。**它不同于传统的道德关系，主要特征之一是它建立在电子信息网络的基础上，是信息技术的派生物。信息道德以传统道德为原型，是信息时代社会伦理道德的重要内容，约束着人们在信息空间的各种行为。另外，由于信息行为既包括网络行为，也包括基于传统媒体（如报纸、杂志、书籍等）和其他电子媒体（如电视、广播等）的信息行为，所以信息道德包含网络道德，网络道德是信息道德最重要的组成部分，当然，这也是当前最受关注的一部分。

信息道德的范围要比信息法律广，法律能调节的主要是非法行为，而道德能调节的是所有的不道德行为。道德能调节的，法律则不一定能调节。比如，提供一条虚假的信息，虽然没有明确的法律对此进行定罪，但是可以通过社会舆论对这种不道德行为进行谴责。

信息道德能在人的心灵深处起作用，表现为人的高度自觉行为。而信息法律依靠的是外部强制力。法律是他控，而道德是自控。所以，在一个提倡"以人为中心"的时代，信息道德将会越来越引人注目。

信息道德是信息法律的基础。任何法律的制定和实施，都会有一个善与恶、崇高与卑鄙、是与非的标准问题。如果不顾及这些道德准则，法律就难以起作用。正如控制论创始人维纳所指出的"没有道德基础的法律是无法实现其对社会的控制的"。

1.3.2　如何自律维护信息道德

在 19 世纪后期，照相机的普及引发了与当今互联网类似的道德争论。在 1890 年的《哈佛法律评论》研讨会上，塞缪尔·沃伦与路易斯·布兰迪斯从伦理和道德的角度认为"隐私""对于尊严、个性和人格是至关重要的。隐私对于人的独立性也是必不可少的。就好比说，一个人的生活中应当有一个区域完全处于他或她的控制之下，该区域不该受外界干扰。剥夺隐私甚至可能危害一个人的健康"。100 多年后，互联网的普及以及因政府和电子商务的需要而提供予第三方的隐私数据激增，使得互联网隐私成为有关个人隐私争辩的中心。

为此，我们需要关注安全与隐私，例如，**具备安全意识并小心保守个人秘密；私人信息不在公众讨论区公开；不在公众讨论区发表他人敏感的个人资料**。网络世界中依然做到友善与尊重。例如，**不发表揭露他人隐私的言论；在实际生活中遵循的道德标准，同样要遵守；尊重他人，整洁简要呈现信息，适度利用缩写、引号选取关键段落加速沟通效率；交流中适度使用符号及文字以表达自己的情绪，避免误会；使用合宜文字、文法，发布信息前仔细检查。**

1.3.3　如何保护个人隐私信息

当下的网络时代，保护个人隐私信息越来越成为一个技术活。简言之，首先将个人隐私信息与大范围传播的网络隔绝；如果无法隔绝时，通过加密的方式交流；关键是提高自身的警惕性，不轻易泄露个人信息。另外，安装可靠的防护软件也能起到一定作用。

📄 公开的新闻报道里有我的隐私信息

你所在的学校、单位组织了一次活动，在网络上发布了新闻报道，其中有你个人的正面照，你觉得这是个人隐私信息吗？

在互联网初期，这是一种必要的宣传手段，是要鼓励的；但在当下的人工智能大数据时代，这就是你的个人隐私！个人隐私信息，不仅仅是你的手机号码、身份证号，还包括你作为一个个体的生物信息，例如，你的 DNA 信息。一张清晰的个人正面照片，从照片中提取你的面部特征对于计算机来说是很容易的事情。

你知道吗？2021年4月的新闻中报道，智能电视也开始搜集个人信息了，例如家里的Wi-Fi账号、无线设备信息等。只有每一位公民都提高隐私意识，才可能改正这些不良商家的行为。

★ 研习任务 ★

在你的手机中，有多少App在获取你的相机、麦克风⊖、存储，你知道吗？又有哪些需要你的位置信息呢？哪些App在读取你手机中的通讯录？打开手机，找到设置中的权限管理确认一下。

我的计算机里怎么总是有广告弹窗

我们先梳理一下广告弹窗是什么时候开始出现的。

1. 你的电脑买回来后，默认安装了操作系统，这时候是没有广告弹窗的；

2. 为了能用自己熟悉的拼音输入法，于是你便安装了一个，你觉得输入法这种小软件应该是免费的吗？实际情况是，软件是需要开发和维护成本的。你似乎明白了？是的，它会通过广告来获得收益，免费是为了让更多人使用，越多的人使用软件，广告收入就越多；

3. 为了能上网，你又安装了某某浏览器，这一浏览器还附带推荐了可免费使用的某安全卫士。那就装吧，于是和输入法一样，多了弹窗广告渠道，它们为不同的公司创收。

那么，能解决这些问题吗？当可口可乐刚刚进入国内的时候，我们无法适应这种饮料，黑乎乎的，酸酸甜甜，还胀气，现在还有这种感受吗？因为我们适应了。计算机软件也是一样的，因为我们怕适应新事物，而选择了简单易行的办法，其结果就换来了使用中消耗的精力和烦躁。操作系统中默认的输入法、自带的浏览器、防火墙，外加良好的上网习惯，完全可以安全放心地使用。

有些计算机中往往有多个浏览器，多个安全卫士。造成的结果是，计算机使用速率异常缓慢。这也很好理解，你的房子请来两个管家，当你要进家门的时候，两个管家争先恐后地为你服务，于是两人堵在门口了，谁都进不了家，家门钥匙也在两个管家的争抢中，让你无法获取。

软件安装还需要单独说一说

软件安装还真需要说一说，还得配图说一说。人们往往是通过"下一步"按钮，咚咚咚的就装好了一个软件。结果就如菜市场买菜，商家"买一送一"，甚至"买一送多"，而其目的就是通过诱导购买更多，原因和"广告弹窗"同理。

我们看图1-27所示，你看懂了吗？

⊖ 传声器是麦克风的专业术语，本书统一选用"麦克风"。

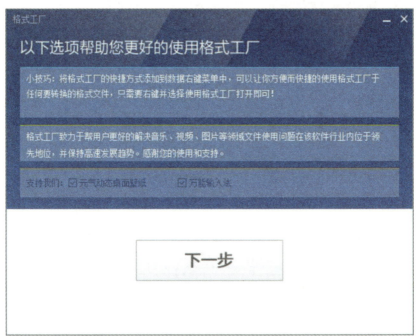

图 1-27

绝大部分免费软件都会在安装时附带推送一些其他软件，这无可厚非，这是正常的商业行为，没有对错。关键是，我们是否需要这些软件，我们是否知道计算机将被安装这些软件，我们是否关注了整个安装过程，你面前的这台计算机是听你的，还是听某些软件的？

值得注意的是，有些软件在卸载时默认是重新安装，或者是默认取消。你单击完确认，提示完成，实际上该软件还在计算机中，如图 1-28 所示。

第一章　数字化资源的采集

图 1-28

如何加密文件

★ 个别文档加密

打开 Word 文档后，从文件菜单中找到"信息"，选择"保护文档"选择"用密码进行加密"，如图 1-29 所示，这样该文档下次打开就需要输入正确的密码才能打开。

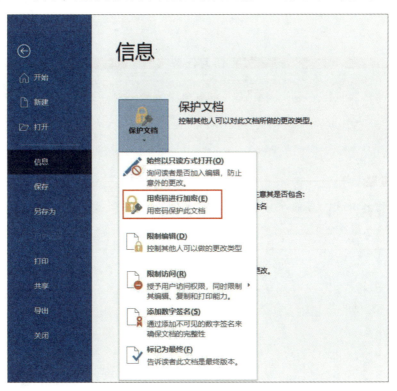

图 1-29

★ 多个文件加密

我们可以将多个文件放到某一个文件夹中，通过 WinRar 软件压缩时添加密码的方式对该压缩包加密。具体方法为：单击右键需要加密的文件夹，选择【添加到压缩文件】，在如图 1-30 所示的窗口中单击【设置密码】按钮，输入你想设置的密码即可。

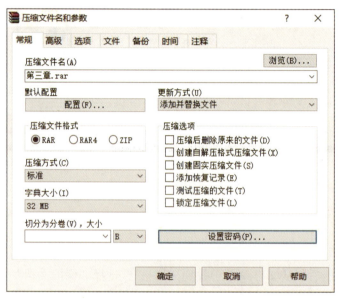

图 1-30

★ 研习任务 ★

看一看你计算机中有多少浏览器，多少管家（安全卫士）？对此做个筛选和清理，可以将你的发现及处置方式简要的记录下来。

★思考题

在海量信息时代，我们在分享信息时，如何做到不制造垃圾信息，不传播无效信息，保护好隐私信息呢？

Chapter 02

第二章　图像的加工处理

本章学习目标

1. 认识日常摄像数码设备，学习摄像基本参数设置，了解图片基本格式。
2. 初步了解构图技巧，通过合理拍摄构图，减少后期处理。
3. 能够了解专业软件、热门软件加工处理图片的技巧，并熟练运用它们对图像进行处理。

本章学习要点

本章 2.1 节从常见的拍摄工具引入，以手机拍照为例，了解摄像头的组成部件和工作原理，从而初步掌握调节摄像参数的技巧，同时拓展延伸常用拍摄辅助工具和存储设备。2.2 节聚焦如何构图，分析拍摄技巧的构图方式。2.3 节从常用图片格式入手，分析各个格式之间的差异，以及互相转换的方法。

本章知识导学图

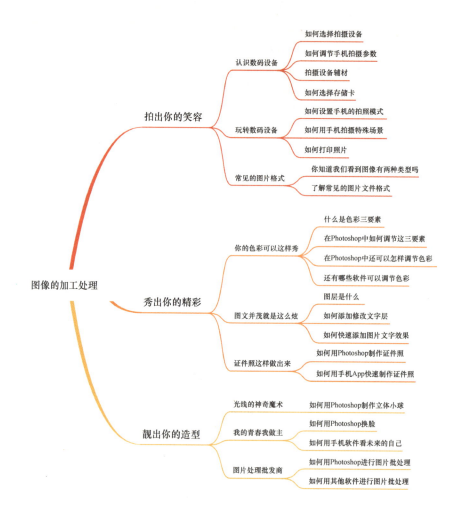

你的学习计划

	学习内容	概念	实践	问题	成果
拍出你的笑容	认识数码设备				
	玩转数码设备				
	常见的图片格式				
秀出你的精彩	你的色彩可以这样秀				
	图文并茂就是这么炫				
	证件照这样做出来				
靓出你的造型	光线的神奇魔术				
	我的青春我做主				
	图片处理批发商				

2.1 拍出你的笑容

2.1.1 认识数码设备

摄影是通过物体所反射的光线使感光介质曝光的过程，是一种静态的影像。

摄像是使用摄像机把光学图像信号转变为电信号，以便于存储或者传输，是一种连续动态的影像记录过程。

想要摄像摄影，必须要有合适的器材来拍摄，本节我们首先认识了解一部分摄像摄影的数码设备。

如何选择拍摄设备

当今科技发展日新月异，能够用来摄像摄影的设备有很多：

手机、胶卷相机、数码相机、摄像机、无人机等（图2-1）。

图 2-1

摄像我们最常用的是数码相机和手机。目前手机越来越智能，某些参数设置和照相机差别越来越小。有时候手机拍出来的照片感觉比单反都好，手机有两千万智能双摄，拍人像可能更美。

如何调节手机拍摄参数

手机拍照功能越来越强大，人们开始注重如何用手机拍出更靓丽的照片。首先需要我们做的是了解手机摄像头的工作原理。

★ 问题1：你知道小小的手机摄像头里有什么吗

由保护膜、镜头组、对焦马达、红外线滤光片、影像传感器、线路连接基板等部件组成（如图2-2）。

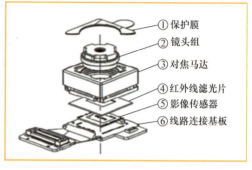

图 2-2

★ 问题2：摄影的工作原理是什么

人物的光线经过镜头的透镜组折射（少部分镜头有反射）之后，穿过光圈小孔，经过打开的快门，照射到感光元件上，然后感光元件将光信号转换为电信号，再经过相机的处理器将电信号转换为数字信息，存储到存储介质（存储卡）上。

预览照片时，存储介质中的数字信息经过计算机或者手机的一系列运算，转换为显示器上的图像，如图2-3所示。

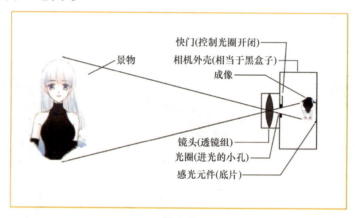

图 2-3

镜头外露的部分我们能够看到，它是将拍摄景物在传感器上成像的器件，通常由几片透镜组成。从材质上看，镜头可分为塑胶透镜和玻璃透镜，如图2-4所示。

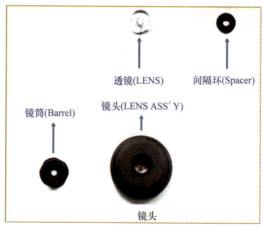

图 2-4

第二章 图像的加工处理

★ 问题3：镜头有两个较为重要的参数调节你知道吗

光圈：是安装在镜头上控制通过镜头到达传感器的光线多少的装置。光圈大小开启示意图如图2-5所示，除了控制通光量，光圈还具有控制景深的功能，<u>光圈越大，景深越小</u>，平时在拍人像时背景朦胧的效果就是小景深的一种体现。景深是指在摄影机镜头前能够取得清晰图像的成像所测定的被摄物体前后距离范围。

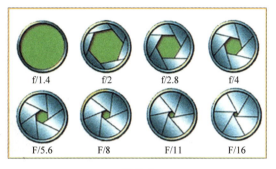

图 2-5

★ 试一试 ★

调节光圈数值的大小。

数值越小，光圈越大，进光量越多，画面比较亮，焦平面越窄，主体背景虚化越大；

数值越大，光圈越小，进光量越少，画面比较暗，焦平面越宽，主体前后越清晰。

焦距：是从镜头的中心点到传感器平面上所形成的清晰影像之间的距离。根据成像原理，镜头的焦距决定了该镜头拍摄的物体在传感器上所形成影像的大小。

比如在拍摄同一物体时，焦距越长，就能拍到该物体越大的影像。长焦距类似于望远镜。

拍摄设备辅材

★ 你用过自拍杆吗

1. 它是风靡世界的自拍神器，能够在20厘米到120厘米长度间任意伸缩。使用者只需将手机固定在伸缩杆上，通过操纵遥控器就能实现多角度自拍，如图2-6所示。

2. 手持稳定器顾名思义是稳定画面、防抖的辅助工具，可以在手与设备之间寻找一个平衡点，用以维持手机平衡，在拍摄行进间不会发生人为颠簸的镜头抖动，如图2-7所示。

图 2-6

图 2-7

如何选择存储卡

存储卡，如图 2-8 所示，是照相机不可或缺的重要配件之一。我们在选购存储卡时，是不是有这样的误区：专选容量大价格低的卡，或直接用了商家送的卡，结果就遭遇了各种各样的问题。

图 2-8

1. 才连拍几张就拍不动了！
2. 连拍完会显示半天"BUSY"！
3. 录几分钟视频就断掉！
4. 明明有 4K 录像功能却不能设置！

……

其实存储卡除了容量和价格之外，还有很多需要我们注意的地方。如果照相机没有搭配正确的存储卡，可能会影响其的性能发挥，导致使用体验大打折扣。

在选择使用前，我们需要对它有一个全面的了解。

★ 了解 1：存储卡的种类有哪些

目前有三种存储卡：CFexpress 卡、SD 卡、Micro SD 卡（又叫 TF 卡），它们的外观如图 2-9 所示。

图 2-9

CFexpress 卡有时也简称为 CFe 卡。它最早出现于 2017 年，存储速度快但价格高，目前只有部分新款高端照相机支持使用，但未来可能会在高端照相机上逐渐普及。

SD 卡是目前最常见、最流行的存储卡。绝大多数微单相机、单反相机、卡片相机都支持使用 SD 卡，仅有少数高端型号的设备不支持。

Micro SD 卡又称 TF 卡，只有指甲盖大小，通常被用于手机、无人机、运动相机、全景相机、行车记录仪等小型设备。

★ 了解2：普及小课堂

Micro SD 卡加上转换卡套可以作为 SD 卡使用，容量和速度均不受影响，只是可靠性稍差一些。就好比一台电器即使连三个插线板也可以正常工作，但是会比直接连接墙上插座更容易出问题。

SD 存储卡还可以细分为 SD、SDHC、SDXC 三类，大小外观完全一致。不过只要不是非常老款的照相机就都能兼容这三类，因此不必特意区分，都当作 SD 卡就好。

★ 了解3：我们的相机到底支持哪类卡

方法一：进入照相机品牌的官网，找到自己的照相机型号的主页，点击"规格""参数"之类的字段，然后就可以在"存储""记录媒体"之类的字段附近找到；

方法二：阅读说明书（有的照相机在包装盒内附赠的说明书是简写版，如需要完整版说明书可以在官网下载）；

方法三：咨询照相机品牌的官方客服，可以在官网找到客服咨询通道；

方法四：运用我们第一章学习的方法，上网搜索相关品牌存储卡型号分析。

2.1.2 玩转数码设备

随着智能手机的普及，我们都会使用手机拍摄一些风景照、人物照，但是我们基本就是一个"自动模式"拍天下。其实现在的手机拍照功能也与单反相机一样，设置了针对不同场景的拍摄模式。我们只要点击几个按钮，即可轻松获得各种特殊效果。在不同的环境中，怎么能快速拍出好的照片呢？我们一起来做一做。

📁 如何设置手机的拍照模式

我们在拍摄不同题材的照片时，在手机相机中选择相应的拍摄模式即可。手机相机会自动调整摄影参数，以获得不同的画面效果。

★ 怎样拍摄最省事——自动模式

自动模式可以适应大部分的拍摄场景，是最省心的拍摄模式，手机相机系统会根据当前的环境自动调整摄影参数，我们不需要调整任何参数即可拍摄到曝光正常的照片效果，如图 2-10 所示自动模式下拍摄的画面效果。

图 2-10

📁 技巧收藏夹

也可以自动点击画面中的人物或者物体使其自动成为主体。

★ 怎样获得大气震撼的效果——全景模式

市面上的智能手机都带有全景拍摄功能，适合拍摄风景、街景等，可以获得大气震撼的效果。如图2-11所示全景照片效果，这样拍照可以使画面显得更丰富。

图 2-11

全景模式原理是匀速移动手机的过程中自动拍摄多张照片，结束时自动拼接为一张照片，从而实现扩大画面视角的目的。目前的全景拍摄功能很好上手，老少皆可方便操作。如图2-12所示全景拍摄界面。

图 2-12

📁 **技巧收藏夹**

拍摄有人物的全景照片时，画面中的人物容易变形；全景照片的文件容量大，会占据比较多的手机空间。

在拍摄时，我们可以将水平线，如地平、海平、马路街道等作为参考线来平移手机，这样拍出来的效果会更好。

★ 怎样增加画面的主体细节——HDR模式

当我们拍摄环境的明暗对比大时，可以开启手机相机的HDR功能，即高动态范围High-Dynamic Range，选用此功能，相机会自动连续拍摄欠曝光、正常曝光、过度曝光三种照片。后台选取每张照片中最好的部分合成为最终照片。如图2-13所示，左图是普通照片效果，右图是HDR照片效果。

图 2-13

📁 **技巧收藏夹**

在手机的扩展列表中选择HDR后，即进入HDR拍摄模式，不同品牌的手机，设置调节方式可能略有差异。

★ 怎样增强降噪能力——超级夜景模式

我们在光线不足的场景拍摄时，选择超级夜景模式，可以提升画面亮、暗部分细节的呈现能力，同时加以强大的降噪功能，丰富色彩。如图2-14所示，左图是普通模式效果，右图是超级夜景模式效果。

图 2-14

📁 **技巧收藏夹**

在超级夜景模式下，手机相机会对场景进行多次连续曝光，所以我们要保持手部位置不发生改变。

★ 怎么用手机近拍物体——微距模式

我们选择"微距模式"后，可以看到拍摄界面中有个小花状的图案，表示已经进入微距模式。现在部分手机已经将微距和自动模式整合在一起，当手机镜头靠近物体时，自动进入微距模式。微距模式用来拍摄食品、花卉、昆虫等近距离特写效果较为生动，如图2-15所示。

图 2-15

📁 **技巧收藏夹**

手机微距模式拍摄效果还是有限的，如果我们比较喜欢微距拍摄，可以购买外挂的专用微距镜头来加强效果。

微距模式拍摄的照片，可以获得很好的背景虚化效果，而且对焦速度更快，使主体更加鲜明突出。

如何用手机拍摄特殊场景

我们在用手机拍摄以上场景时，难免会碰到特殊场景的画面，如运动场上的学生、天空中飞翔的鸟儿、行人的拍摄等，除了用特有的运动模式，其实我们还可以通过调节专业模式里面的快门参数，达到专业摄影师拍摄的效果。

★ 如何拍飞鸟：快门设置 1/2000s

为了保证飞鸟的清晰度，一般将快门速度设置在 1/2000s 以上，如果想体现飞行的动感，可以将快门速度再设置低一点，画面会虚化翅膀，更具动感美，如图 2-16 所示。

★ 如何拍摄运动员：快门设置 1/500 ～ 1/1000s

为了能够拍下运动的高速瞬间，可以将快门速度设置在 1/500 ～ 1/1000s 之间，配合三脚架会获得更好拍摄效果，如图 2-17 所示。

图 2-16

图 2-17

★ 如何进行街拍：快门设置 1/250 ～ 1/500s

如图 2-18 所示在街拍的时候，街道上都是行人，我们无法对行人的下一步动作进行预判，所以快门设置可根据当时的情况进行判断，快门速度一般设置在 1/250 ～ 1/500s。现在一些手机可以直接开启街拍模式，如华为手机、小米手机。

图 2-18

📎 如何打印照片

我们可以通过手机微信中"文件传输助手"或手机QQ中"我的电脑"将满意的拍摄作品上传至电脑端。在电脑端通过右击图片，在弹出的快捷菜单中选择"打印"，在打印选项中选择需要的格式打印。

2.1.3 常见的图片格式

专业的图像处理，一般会选择使用特定的图片选项和文件格式，如图2-19所示。涉及多种图片文件类型时，设计师会在兼容性、呈现效果上来选择使用不同的图片类型。我们通过常用图片格式的主要用途、优缺点对比，初步了解在使用图像时，应选择哪种图片格式。

图2-19

📎 你知道我们看到图像有两种类型吗

★ 矢量图

是用点、线、面构成的图像。通常使用专业的矢量软件绘制产生，一般用于主题logo、插画等设计。点、线、面都是数学化的呈现，放大后不会模糊。常见的矢量图格式包括AI、EPS、SVG。

★ 像素图

也叫位图，是使用像素点阵列拼合的图像，如图2-20所示。通常通过拍摄、截图捕捉产生。像素图在放大到一定比例后会模糊。常见的像素图格式包括JPEG、PSD、PNG、TIFF、RAW。

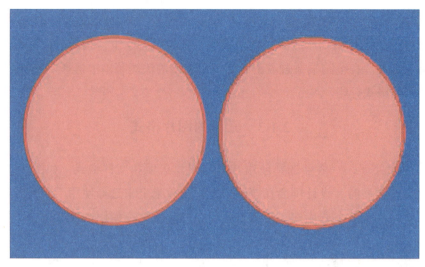

图 2-20

> **知识窗**
>
> 像素图由大量像素点组成，每一个像素点就是个单色的小方块，将像素图放大到一定比例，我们可以看到每个像素的方形轮廓，如图 2-20 所示，在图像边缘处可以看到不再平滑的过渡。像素图文件通常比矢量图占用存储空间更大。

了解常见的图片文件格式

★ JPEG 格式

是最常见的图片格式，使用非常广泛，如照相机拍摄的照片，网络图片等。JPEG 格式经常被用作图片处理的最终输出格式。其特点是文件尺寸较小，适合携带和传送。几乎所有的数码相机和网络环境都支持 JPEG。JPEG 能使用有损压缩的方式，去除图片中不需要的像素并减少图片尺寸，没有透明属性。

> **知识窗**
>
> JPEG 和 JPG 是相同的格式，在早期版本的 Windows 中不支持三位以上的拓展名，因此有了 JPG。JPEG 2000 是升级后的格式，但非常少用。

★ TIFF 格式

无损图像格式，默认设置下在压缩时不会损失信息，常被平面设计师用于出版印刷。这种格式是带有图层、透明度等内容的高品质图像，因此尺寸较大。

★ GIF 格式

是早期互联网的产物，加载迅速，支持动画，无损压缩，支持透明度，能被压缩到非常小的尺寸，最多 256 色。

★ PNG 格式

图 2-21 所示的 PNG 透明格式在网络上最常用,原本是设计用于替代 GIF 格式的,无损压缩格式,RGB 色彩支持比 GIF 更多的颜色,因此适合存储照片和文本。在 PPT 幻灯片中,个性化透明图像使用效果好。

★ PSD 格式

是 Photoshop 的专用格式,如图 2-22 所示,能最大限度地保存图像编辑的内容,用于印刷和照片编辑独立图层、透明度、渲染等,可以组合使用像素图和矢量图。不能用于网络预览传播。

图 2-21

图 2-22

★ RAW 格式

如图 2-23 所示 RAW 格式是专业单反相机使用的存储格式,相机捕捉的数据不会被压缩也不会被处理,让信息最大限度地保留下来,便于后期编辑照片。不同的相机品牌支持的 RAW 格式不同,也并非适配所有照片编辑软件、打印机。

图 2-23

★ EPS 格式

是矢量图通用文件,支持任何尺寸的图像,有大量软件支持文件查看,可以被轻松地转换为像素图,但是也可以是像素图伪装合成的。

★ SVG 格式

用于网络矢量图，支持文本和像素图，可以导入 3D 软件、添加动态画面。放大缩小不会模糊，尺寸较小。可直接作为代码文件放在网站的 HTML 文件里，并被搜索引擎查询关键词，不适合用作印刷。

★ PDF 格式

可以同时存储像素图、矢量图和文本。很多文本、图像编辑软件可以直接输出 PDF，用于网络打印下载证书等，可以加密权限保存，限制打印修改等，保护知识产权。

★ BMP 格式

最为古老的像素图格式，微软画图软件默认保存格式，无压缩，大多数操作系统都支持。相对来说文件尺寸大，不支持与 CMYK 转换。

★ 研习任务 ★

1. 如何选择手机存储卡、无人机存储卡？
2. 手机拍摄动态场景有哪些设置？
3. 手机拍摄的图片是什么类型的图像，有哪些格式，分别可以由哪些软件进行编辑？

📖 拓展资料

拍照手机参数

手机型号	处理器	内存	屏幕	拍照
华为 Mate40	麒麟 9000E 旗舰芯片	8+128G 起	6.55 英寸	前置 1300 万，后置 5000 万 +，1600 万 +，800 万
OPPO Reno5Pro+	骁龙 865	8+128G 起	6.55 英寸 90Hz 超高刷新率	前置 3200 万，后置 5000 万 +，1600 万 +，1300 万 +，200 万
小米 11	骁龙 888	8+128G 起	6.81 英寸 2K 曲面屏 120Hz	前置 2000 万，后置 1 亿 +，1300 万 +，500 万
iPhone 12	A14	4+64G 起	6.1 英寸 2532×1170 OLED 全面屏	前置 1200 万，后置 1200 万 +，1200 万

2.2 秀出你的精彩

我们拍摄完照片后，通常会发现，有些照片没有达到我们预想的拍摄效果，或是要将图片用于特定需要。我们可以用 Lightroom、Photoshop、美图秀秀等一些免费修图软件，对照片进行后期处理。

2.2.1 你的色彩可以这样秀

我们拍摄的一些照片在后期发现色彩完全不是自己想要的，要么亮部偏暖，要么暗部太深等等，本节我们将以 Photoshop 为例学习如何简单调色。

什么是色彩三要素

首先我们需要了解一下影响色彩的因素，也就是色彩的三要素，即色相、饱和度和明度。转换成图片存储媒介，三要素即为 HSB 模式，在 HSB 模式中，H(hues) 表示色相，S(saturation) 表示饱和度，B（brightness）表示明度。

★ 色相

如图 2-24 所示在 0°～360° 的标准色轮上，色相是按位置度量的。在通常的使用中，色相是由颜色名称标识的，比如红、绿或橙色。黑色和白色无色相。色环间隔 120° 为补色，比如红跟绿，黄跟紫，蓝跟橙。色环间隔 180° 为对比色，比如红跟青，黄跟蓝，绿跟洋红，间隔较小为临近色。

图 2-24

★ 饱和度

表示色彩的纯度，为 0° 时为灰色。白、黑和其他灰色色彩都是没有饱和度的。在最大饱和度时，每一色相具有最纯的色光。

★ 明度

表示色彩的明亮度。为 0° 时即为黑色。最大明度是色彩最鲜明的状态。如图 2-25 所示从下到上表示明度的增加，从左到右表示饱和度的增加。

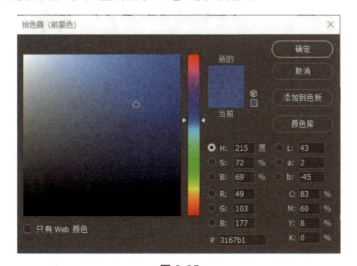

图 2-25

在 Photoshop 中如何调节这三要素

Photoshop 中的调色工具，可以在菜单导航栏的图像—调整中找到，如图 2-26 所示。

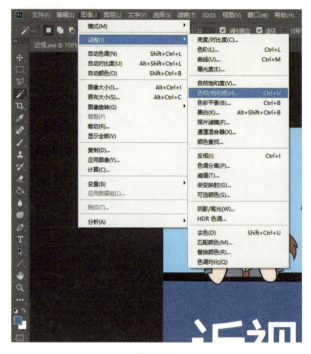

图 2-26

如图 2-27 所示通过拖动相应的滑块，预览照片发生的变化即可调节色彩三要素。

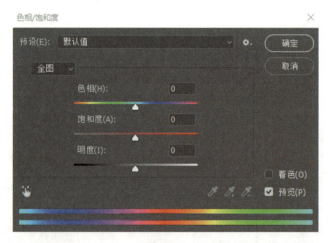

图 2-27

在 Photoshop 中还可以怎样调节色彩

在菜单导航栏的图像—调整菜单中还有【色彩平衡】调节功能，如图 2-28 所示【色彩平衡】是一个操作直观方便的颜色调节工具。在【色调平衡】选项中，它把图像笼统地分为阴影、中间调与高光 3 个色调，每个色调可执行独立的颜色调节。

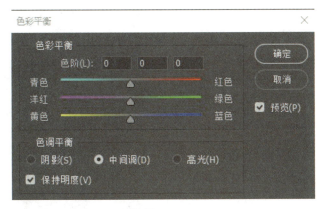

图 2-28

如图 2-29 所示色阶图滑块控制图像的深色浅色部分，左面的黑色三角滑块控制图像的浅色深色部分，中间那个灰色三角滑块则控制图像的中间色。因此可以利用它调整图像的对比度：靠左的黑色三角滑块用来调整图像中暗部的对比度，靠右边的白色三角滑块用来调整图像中亮部的对比度。左边的黑色滑块向右移，图像颜色变深，对比变弱。两个滑块各自处于色阶图两端则表示高光和暗部。

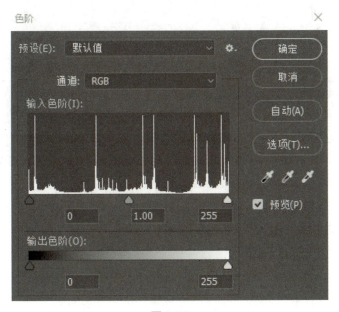

图 2-29

如图 2-30 所示启动阴影 / 高光调节工具后勾选下面【显示更多选项】，会出现一个非常大的设定框。分为阴影、高光、调整三大部分。此时先把高光的数量设置成 0%。单独来看看阴影的调节效果。阴影部分调节的作用是增加阴影部分的亮度，从而改进相片中曝光不足的部分。也可称为补偿阴影。

如图 2-31 所示曲线是 Photoshop 中调整色彩最重要的工具之一。在曲线面板中那条直线的两个端点分别表示图像的高光区域和阴影区域，直线的其余部分统称为中间调。两个端点、中间部分均可以分别调整。单独改变阴影点和高光点使阴影或高光部分加亮或暗。而在线条中单击产生拖动点改变中间调可以使图像整体加亮或减暗，但是明暗对比没有改变，这不同于电视机的亮度增加，同时色彩的饱和度也增加，可以用来模拟自然环境光强弱的效果。曲线上方的选框，可以选择针对单独的颜色通道进行调整。

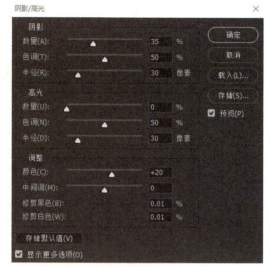

图 2-30

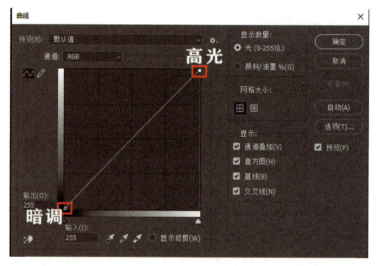

图 2-31

还有哪些软件可以调节色彩

Photoshop 是专业软件，还有一些免费软件，可以一键调节色彩，满足我们美化照片的需求。

美图秀秀、手机自带的调整功能，均可进行简单的预设色彩调节，我们可以下载美图秀秀等软件进行尝试。

2.2.2 图文并茂就是这么炫

在照片后期处理时，我们往往需要在照片上加入一些炫酷的说明文字，表达心情，彰显魅力。

图层是什么

在 Photoshop 中，可以把每个图层理解为一张透明的纸，将图像的各部分绘制在不同的透明纸（图层）上。透过这层纸，可以看到纸后面的东西，而且每层纸都是独立的，无论在这层纸上如何涂画，都不会影响到其他图层中的图像。也就是说，每个图层都可以独立编辑或修改，最后将透明纸叠加起来，通过移动单层透明纸上图层的位置和每层透明纸相互之间叠放的顺序，从上向下俯瞰，即可实时改变并得到最终的合成效果。

> **知识窗**
>
> ### 图层的类型
>
> **背景图层**：如图 2-32 所示打开一张 JPG 图像后，图层面板自动生成一张图层，这个层就是背景图层。从 PS 新建一个文档，也会默认生成一个背景图层。背景图层在最下边，解锁前不可以调节图层顺序；不可以调节不透明度和施加图层样式；不能添加蒙版，但可以使用画笔、渐变、图章和修饰工具。
>
> **普通图层**：鼠标单击背景图层上的锁，就可以将背景层解锁成普通图层，普通图层就可以进行移动图层位置等全部操作。
>
> **空白层**：我们从图层面板单击创建新图层按钮，创建的图层就是一个空白层，空白层实际就是一张没有进行任何操作的透明纸。新建空白图层是软件使用中的频繁操作，绘制图形、无损修脏、无损调图的起点都是新建空白图层。
>
> **调整图层**：我们调整某一图层的亮度、色彩、曝光、曲线等信息，可以将这些修改直接施加在图层上，但这种修改是不可逆的，因此是不推荐的。而通过新建不同类型的调整图层，可以实现在不破坏原图的情况下，对图像进行上述操作。
>
> 如图 2-33 所示从上到下依次为调整图层、空白层、普通图层、背景。通过调整层无损地改变图像的色相。
>
>
>
> 图 2-32
>
>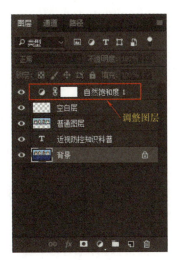
>
> 图 2-33

文字层：文字层不能在图层面板创建，而是使用工具箱中的T形文字工具创建。文字层的内容可以随时通过图层面板上双击该层，或者如图 2-34 所示，使用文字工具单击文字区域进行修改与替换。文字层对特效操作有一定的限制，需要栅格化文字层后才能进行滤镜调整等操作。

图 2-34

> 📁 **技巧收藏夹**
>
> 文字层是一种特殊的矢量图层，栅格化主要产生两点变化：将不能再修改文字的内容；丢失了文字的矢量特性，放大缩小会对图像造成损失。

形状图层：通过工具箱中的形状工具和钢笔工具来创建，形状工具可以通过简单拖拉的方式创建，比如直线、矩形、圆角矩形、圆形等规则形状，也可以通过自定义形状工具创建任何预先定义好的复杂的矢量图形。使用钢笔工具可以绘制复杂不规则路径。

我们做一个简单的图文混排，就用到两个层，一个图片（照片）背景层，一个文字层。需要添加文字层，并对文字进行简单的效果处理即可完成图文混排。

如何添加修改文字层

打开我们拍摄的一张照片，运用上一节学到的调节色彩知识，简单调节照片色彩，然后就可以进行文字层的添加修改了。

第 1 步

在图层窗口新建一个图层，如图 2-35 所示。

第 2 步

选择文本工具，输入文本。

第 3 步

在图层窗口选择【特效功能】，在弹出的窗口中选择所需的效果，确定即可，如图 2-36、图 2-37 所示。

图 2-35

第二章　图像的加工处理

图 2-36

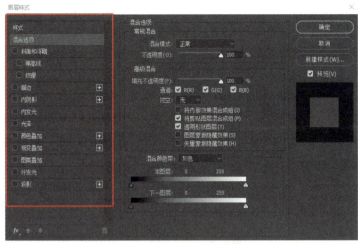

图 2-37

第 4 步

单击文字图层，在图片上可以拖动文字到适合的位置。

第 5 步

文件菜单选择【存储为（A）】为 JPEG 格式输出，如图 2-38 所示。

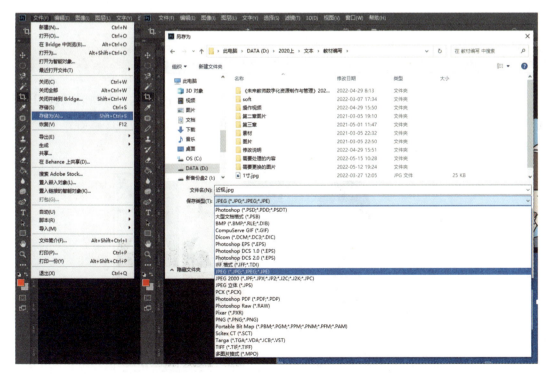

图 2-38

如何快速添加图片文字效果

如果我们在处理图片时，需要快速编辑图文，可以利用手机自带的图片处理功能添加文字效果，也可以使用美图秀秀等手机软件快速加入文字效果，这些手机软件的文字效果比较简单，如图 2-39 所示。

图 2-39

2.2.3 证件照这样做出来

在学习、工作中，证件照是不可或缺的一种照片，如图 2-40 所示。有些时候我们急着用，手头上又没有现成的，或者有照片但是需要变成符合要求的底色，这就需要我们一起来学习证件照的拍摄与制作。

图 2-40

如何用 Photoshop 制作证件照

手机的自拍功能日趋强大，如何用自拍照制作证件照呢？

可以按照下面三个步骤去完成。

一、拍摄注意事项

自拍时主要注意三个方面：

1. 光线处理。适中、正常的室内光就可以，不要逆光拍摄。我们是在拍证件照，不是在拍艺术照，立正站好即可；

2. 背景选择。尽量选择一块单一背景的，比如室内白色的墙。复杂的背景不利于后期抠图；

3. 头发的整理。男生用梳子梳一下，不要太乱；女生尽量把头发梳在后面，不要把头发放在身体前面，不要遮住五官。

二、照片色调校正

1. 色调的校正。我们主要调节的是色温和曝光，如果你的照片有点偏黄偏红，就把数值往青蓝方向调节；如果是偏青蓝就往黄红方向调节。最终效果就是中规中矩，没有偏向。

2. 曝光调节。室内自拍一般是偏暗的，根据预览效果将曝光一点点提高。

3. 曲线调整。在阴影曲线上，把过亮的区域涂抹掉。个人自拍照片的光线，一般是从侧面打过来的，所以要中和一下，如果光线均匀照射就不需要这步操作。

三、抠图换背景

使用裁剪工具进行裁剪，修掉一些不需要保存的地方，一般证件照保留胸部以上的位置即可。然后进行抠图，可以直接用色彩范围或魔棒工具进行抠图操作，如图 2-41 所示。

图 2-41

在抠图前我们还需要双击背景图层，使其转化成普通可编辑图层，如图 2-42 所示。

图 2-42

1. 使用魔棒工具选取背景，如果一次不能将除人物之外的区域选中，可以将"容差"数值调小一点，便于提取更多的相似色彩。模式选择添加到选区（如图 2-43 所示单击横排第二个小图标），我们一次次加选，就会得到最精准的选区。

图 2-43

2. 如图 2-44 所示选中背景后（虚线框住的部分），按 Delete 键执行删除，这样就可以删除背景色了，按 Ctrl+D 取消选择。如图 2-45 所示，新建一个图层，拖动到最下方，选择需要的背景色，在新建层上单击进行填空，选择文件菜单，如图 2-46 所示另存为 PNG 格式。

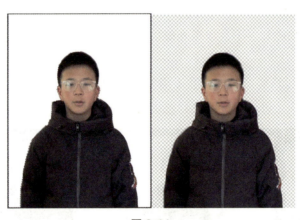

图 2-44

图 2-45

第二章　图像的加工处理　47

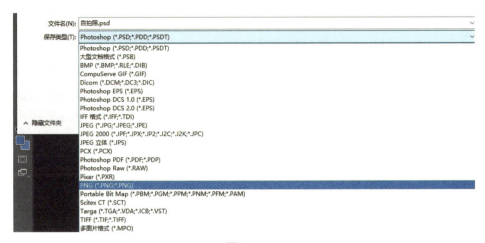

图 2-46

📁 技巧收藏夹

　　为了后期使用方便，在删除背景色后，可以先另存为 PNG 格式，这样保存下来的是无背景的透明图片。以后再做证件照时，上面的步骤就可以省略，直接导入 PNG 图片调整位置、背景色即可。

　　最后根据证件照的制作尺寸，如图 2-47 所示新建一个证件照文档，一寸是 2.5cm×3.5cm，二寸是 3.5cm×5.3cm，菜单栏—文件—置入嵌入对象，导入刚才 PNG 格式保存的图片，调整位置和大小后保存为 JPEG 格式。

图 2-47

扫描封面上的二维码，观看制作证件照片视频。

如何用手机 App 快速制作证件照

如图 2-48 所示，目前网络上有许多快速制作证件照的在线编辑网站、手机 App、微信小程序，在导入拍摄的照片后，我们可以使用这些工具方便快捷地生成相关标准尺寸的证件照，不过大部分都会收取费用或者需要开通 VIP 功能。操作较为简单，我们可以根据需要选择是否使用该方法。

图 2-48

★ 研习任务 ★

1. 使用手机拍摄秋天的景色照片。
2. 用美图秀秀或者手机软件把一张照片调整为暖色调。
3. 用 Photoshop 给自己做一张蓝色背景的证件照。

拓展资料

Lightroom：一款重要的后期制作工具，界面和功能与苹果 2005 年推出的 Aperture 1.0 颇为相似，面向数码摄影、图形设计等专业人士和高端用户，支持各种 RAW 图像，主要用于数码相片的浏览、编辑、整理、打印等。Lightroom 与 Photoshop 有很多相通之处，但定位不同。比如 Photoshop 上的很多功能，如选择工具、照片瑕疵修正工具、多文件合成工具、文字工具和滤镜等 Lightroom 并没有提供。

Photoshop：Adobe Photoshop，简称"PS"，是由 Adobe Systems 开发和发行的图像处理软件。Photoshop 的专长在于图像处理，而不是图形创作。图像处理是对已有的位图图像进行编辑加工处理以及运用一些特殊效果，其重点在于对图像的处理加工；而图形创作软件是按照自己的构思创意，使用矢量图形等来设计图形。

> **美图秀秀**：美图秀秀是 2008 年由厦门美图科技有限公司研发并推出的一款免费影像处理软件，目前部分功能需要成为 VIP 客户才能使用，全球累计超 10 亿用户。其主要特色是具有对照片进行编辑、边框、贴纸、马赛克等超多美化功能，让用户能随心所欲地驾驭各种照片风格。

2.3 靓出你的造型

利用图片编辑功能可以根据我们的设计需要产生无数酷炫的图片效果，应用到生活、工作中。学会使用该功能也可以提升我们的欣赏水平、拓宽我们的艺术视野。

2.3.1 光线的神奇魔术

我们拍摄的图片显示方式为二维平面。如何运用光线渐变效果，将二维平面变为三维效果（如图 2-49 所示）呈现呢？一起来变光线魔术吧。

图 2-49

如何用 Photoshop 制作立体小球

要实现图形立体感，需要处理好高光和阴影。Photoshop 有一种光线渐变方法，可以快速渲染出立体效果。

第 1 步

如图 2-50 所示新建一个图片文件，分别设置前景色和背景色为浅灰和白色。

第 2 步

按下键盘上的"Ctrl+R"组合键，或者在菜单视图中打开标尺，从标尺处拖出横、纵两条辅助线，如图 2-51 所示单击右键选择椭圆选框工具，十字光标以标尺的交点为圆心，再按下"Alt+Shift"组合键不放，按下鼠标左键并拖动，得到一个正圆形选区。如图 2-52 所示，单击右键填充工具选择渐变，可以在选项栏上设置选项。

图 2-50

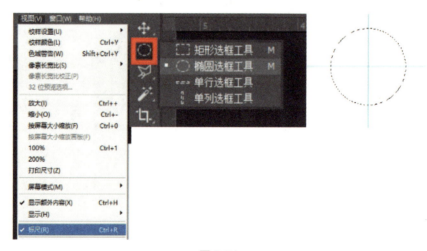

图 2-51

第 3 步

新建一个图层,如图 2-52 所示用渐变工具的径向(第二个小图标)从左下至右上拖动鼠标,在圆形选区内创建一个渐变。

如图 2-53 所示此时的球体已经具备了高光、亮部和暗部。

第 4 步

绘制投影的效果。在当前图层下面创建一个新图层,用椭圆形工具在圆形下方拖动出一个椭圆选框选区,可以用渐变工具的线性渐变(如图 2-52 所示第一个小图标)拖动填充一个渐变色,如图 2-54 所示。

第二章 图像的加工处理

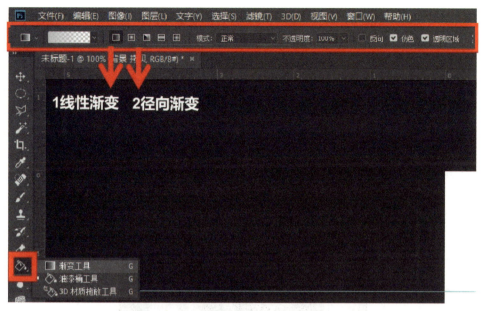

图 2-52

图 2-53

图 2-54

📂 技巧收藏夹

通过不同的光线渐变方式,我们能做出立体渐变的千百种效果,并且可以设置不同渐变风格,实现不同图形的立体显示效果。

扫描封面上的二维码,观看用 Photoshop 制作立体小球的过程视频。

2.3.2 我的青春我做主

目前抖音上很流行的换脸和容颜变换效果，是利用 AI 智能技术达到换脸目的的，操作过程很简单，而且里面很多特效功能都不收费，可以帮助我们换一张自己想要的脸，返回童年，或者看看我们未来变老的样子。

如何用 Photoshop 换脸

Photoshop 入门级换脸技术操作很简单，要用到我们之前学过的图层、选取工具等知识。

第 1 步

如图 2-55 所示打开带两张人脸的图片。

图 2-55

第 2 步

如图 2-56 所示用套索选取工具把两张脸分别套索复制出来。

图 2-56

第 3 步

如图 2-57 所示选择背景图层，也就是最下方的原始图层，双击背景图，把背景图变成普通图层，然后用橡皮擦工具，把人物五官擦掉。

图 2-57

第 4 步

如图 2-58 所示把之前抠好的脸用鼠标拖动的方式互换。

图 2-58

第 5 步

如图 2-59 所示按住 Shift 键，同时选择所有图层，然后执行编辑菜单下的自动混合图层，选择【全景图】和【无缝色调和颜色】。

图 2-59

是不是很简单，入门级的换脸就是这样操作的，你学会了吗？

扫描封面上的二维码，观看用 Photoshop 换脸的操作过程视频。

📝 如何用手机软件看未来的自己

每个人都很好奇未来的自己究竟会是什么样子。如图 2-60 所示，变老 App 的出现达成

图 2-60

了我们的愿望。这款软件通过有趣的方式预测数十年后我们变老的脸庞。现在这类的手机软件有很多，在软件里选择一张自己的照片上传，很快就生成了变老的样貌，而且有些软件还可以选择呈现不同年龄段的外貌。

同样，我们也可以借助"返老还童"类的软件，缅怀一下我们的童年，重新拾起童真童趣。

2.3.3 图片处理批发商

我们拍摄的照片或多或少都需要进行后期编辑，如图片的色彩调整、大小调整、适当裁剪。但是如果有很多照片需要一次性进行处理，即使几个简单的动作也很浪费时间，这个时候就要用到批量处理功能。

如何用 Photoshop 进行图片批处理

Photoshop 的批处理功能，可以组合图片处理的各个方式，减少重复机械的操作。

第 1 步

打开一张照片，在菜单窗口中打开动作窗口。

如图 2-61 所示为新建动作取个名字，比如我取了"批量裁剪"，此时，录制按钮颜色变成了红色。接下来每一个对图片的操作设置，都会被录制下来。

操作内容:（1）裁剪（2）另存为 jpg 的新图片。

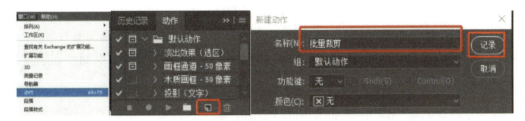

图 2-61

如图 2-62 所示完成了操作后，单击【停止录制】按钮，这样操作过程就被记录好了。

图 2-62

第 2 步

批处理所有图片：打开文件菜单自动批处理窗口。

如图 2-63 所示选择要执行的动作，选择【来源图片文件夹】，选择【输出文件夹】。

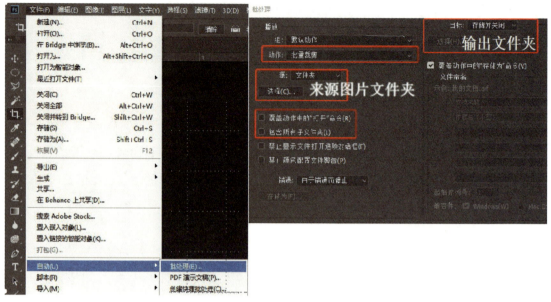

图 2-63

单击确定后等待 Photoshop 自动处理完毕就行了。

如何用其他软件进行图片批处理

许多图片处理软件也有批处理功能，比如 ACDSee 批量处理图片大小比较稳定；光影魔术手批量处理色彩、图片文件信息比较方便；Image Tuner 可以批量添加图片水印等等。利用这些软件来批量处理图片，可以大大提高工作效率，让我们把更多时间放到学习提升中去。

★ 研习任务 ★

1. 用渐变填充效果完成一个正方体的创作。
2. 你的童年是什么样的？用容颜变化软件去把它找回来吧。
3. 尝试把自己拍摄的色彩较暗的照片批量调亮。

📖 拓展资料

美颜软件推荐

Faceu 激萌：是今日头条脸萌团队制作的一款运营在 IOS、Android 平台上的拍照相机，集合了贴纸、滤镜、美颜、美型、表情包 GIF 制作、拍后编辑及跟拍视频等功能。拥有先进人脸识别技术的"Faceu"可以准确定位五官，将"变妆"精准"画"到脸上。还可以直接用该软件拍照，无痕自然的修颜效果和超强的滤镜让普通照片也能具有很好的效果。

相机 360：是一款功能非常强大的手机摄影软件，其多种相机拍摄模式能拍摄出不同风格、不同特效的照片，特效相机里还提供了丰富的特效滤镜，不会 PS 也可轻松拍出专业级照片。同时，相机 360 还支持拍后编辑照片，分享照片到微博、微信等主流社交平台，并具有云服务和互联网分享功能。

B612 咔叽：传说中的整容神器，一秒变网红，B612 咔叽是 Line 推出的一款用心自拍软件。B612 咔叽拥有多种滤镜，并能随便切换。模糊效果、拼接拍摄、计时拍摄等功能都能帮助你打造专属个性照片。

魔秀相机：提供了时光相机功能，让你体验脸部随着年龄变化的效果，也可以重温孩童模样；还有众多滤镜效果、抠图等功能。

★思考题

Photoshop 可以帮我们解决许多图片处理方面的问题，目前抖音上有许多短平快的教程，我们可以去尝试辨别一下它们的操作是否可行。

Chapter 03

第三章 视频的加工处理

本章学习目标

1. 认识日常视频分类,学习视频的帧概念,了解视频基本格式。
2. 初步了解拍摄视频技巧,通过合理视频界面构图,拍出大片的效果。
3. 了解专业视频软件,掌握加工处理视频、制作微视频(课)的技巧。

本章学习要点

本章 3.1 节从常见的视频格式引入,以解码器为抓手,了解视频"帧"原理。3.2 节初步掌握视频构图的技巧,同时熟悉拍摄的各类特效。3.3 节从常用视频处理软件着手,认识各类视频抓取、编辑的方法和技巧。

本章知识导学图

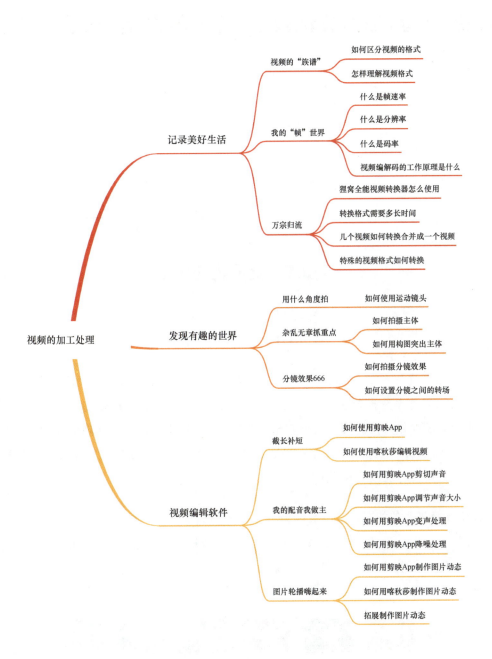

你的学习计划

学习内容		概念	实践	问题	成果
记录美好生活	视频的"族谱"				
	我的"帧"世界				
	万宗归流				
发现有趣的世界	用什么角度拍				
	杂乱无章抓重点				
	分镜效果666				
视频编辑软件	截长补短				
	我的配音我做主				
	图片轮播嗨起来				

3.1 记录美好生活

3.1.1 视频的"族谱"

我们知道在操作系统中，文件都有后缀名，例如"视频1.doc""视频2.wps""图片1.psd"等。操作系统设置后缀名的目的是让系统中的应用程序来识别并关联这些文件，让文件由相应的应用程序打开。例如双击"视频2.wps"文件，它会知道让WPS去打开，而不会用Photoshop去打开这个文件。"AVI""MPG"这些都是视频的文件格式，视频文件与操作系统上安装的视频播放器关联。

如何区分视频的格式

如图3-1所示，AVI、MPG、MKV、MP4等是视频常见的封装格式，相当于储存视频信息的容器，是由不同公司开发出来的。我们在操作系统中看到的"视频1.avi""视频2.mpg""视频3.mkv""视频4.mp4"等视频文件格式的后缀名就是采用相应的视频封装格式的名称。

图 3-1

★ AVI 格式

后缀名为".avi",全称为音频视频交错(Audio Video Interleaved)格式,1992 年由微软公司推出。

这种视频格式的优点是图像质量好,可以保存 Alpha(透明)通道;缺点是体积过于庞大,压缩标准不统一,高版本 Windows 媒体播放器播放不了采用早期编码编辑的 AVI 格式视频;低版本 Windows 媒体播放器又播放不了采用最新编码编辑的 AVI 格式视频。我们在进行一些 AVI 格式的视频播放时,常会出现由于视频编码问题造成的视频不能播放的问题,或者即使能够播放,但存在不能调节播放进度或播放时只有声音没有图像等问题。

★ DV-AVI 格式

后缀名为".avi",全称是家用数字视频(Digital Video Format)格式,由索尼、松下、JVC 等多家厂商联合推出。

数字摄像机就是使用这种格式记录视频数据的。它可以通过计算机的 IEEE 1394 端口传输视频数据到计算机,也可以将计算机中编辑好的视频数据回录到数字摄像机中。这种视频格式的文件扩展名也是".avi"。电视台采用录像带记录模拟信号,通过 EDIUS 由 IEEE 1394 端口采集卡从录像带中采集出来的视频就是这种格式。

★ QuickTime File Format 格式

后缀名为".mov",苹果公司开发的一种视频格式,默认的播放器是苹果的 QuickTime。具有压缩比率较高和视频清晰度较完美等特点,可以保存 Alpha(透明)通道。

★ MPEG 格式

后缀名可以是".mpg"".mpeg"".mpe"".dat"".vob"".asf"".3gp"".mp4"等,全称为运动图像专家组(Moving Picture Experts Group)格式。该视频格式建于 1988 年,负责为 CD 建立视频和音频标准,推出成员都是视频、音频及系统领域的技术专家。

MPEG 文件格式是运动图像压缩算法的国际标准。MPEG 格式目前有三个压缩标准,分别是 MPEG-1(VCD 标准)、MPEG-2(DVD 标准)和 MPEG-4(MP4 标准,如图 3-2 所示)。MPEG-1、MPEG-2 目前已经较少使用,MPEG-4 制定于 1998 年,是为了播放传输媒体的高质量视频而专门设计的,以求使用最少的数据获得最佳的图像质量。MPEG-4 最有吸引力的地方在于它能够保存接近于 DVD 画质的小体积视频文件。

图 3-2

> **小提示**
>
> 你可能注意到了,怎么没有 MPEG-3 编码?这个项目原本是为高分辨率电视(HDTV)设计的,但在使用时发现 MPEG-2 已足够 HDTV 应用,故而对 MPEG-3 的研发便中止了。

★ WMV 格式

后缀为".wmv"".asf",全称为视窗媒体视频(Windows Media Video)格式,也是微软推出的,采用独立编码方式。WMV 格式支持本地或网络回放,可以直接在网上实时观看视频节目,扩展性好,在网站上播放需要安装 Windows Media Player 播放器,很不方便,现在基本已经没有网站采用了。

★ Real Video 格式

后缀名为".rm"".rmvb",Real Networks 公司所制定的音频视频压缩规范,称为 Real Media。

Real Media 视频有着较明显的优势,一部大小为 700MB 左右的 DVD 影片,如果将其转录成同样品质的 RMVB 格式,其大小最多也就 400MB 左右。以前在网络上下载视频的时候,经常接触到 RMVB 格式,但是随着时代的发展这种格式被越来越多的更优秀的格式替代了。

★ Flash Video 格式

后缀名为".flv",由 Adobe Flash 延伸出来的一种流行网络视频封装格式。随着视频网站的丰富,这个格式曾风靡全球。

★ Matroska 格式

后缀名为".mkv",一种新的多媒体封装格式。这个封装格式可以把多种不同编码的视频及 16 条或以上不同格式的音频和不同语言的字幕封装到一个 Matroska Media 文档内,是一种开放源代码的多媒体封装格式。Matroska 同时还可以提供非常好的交互功能,而且比 MPEG 使用更方便、功能更强大。

怎样理解视频格式

MP4,RMVB,MKV,AVI 从形式上来说,都是视频文件的后缀名,也是视频文件的封装格式,我们可以理解为不同的"容器"。

所谓"容器",就是把编码器生成的多媒体内容,包括视频、音频、字幕、章节信息等,混合封装在一起的接口集合。"容器"使不同多媒体内容同步播放变得很简单,"容器"还可以为多媒体内容提供索引,也就是说如果没有"容器"存在,一部影片只能从一开始看到最后,不能拖动进度条,而且如果我们不自己手动载入音频就不会播放声音。

不同的"容器"有不同的特性,MP4 是 MPEG-4 标准的第 14 部分所制定的"容器"标准,硬件支持广泛;RMVB 是一种封闭标准的"容器",只能用来封装 Real Video 编码的视频;MKV 是社区设计的开放性"容器",最大的特性在于几乎可以封装一切编码格式;AVI 历史悠久,其陈旧的架构本身已经不能适应新的编码格式,所以已经接近淘汰了。

3.1.2 我的"帧"世界

为什么有的视频换个电脑就打不开?什么样的视频文件占用存储空间小、图像又清晰？上传网络的视频怎样才能保证清晰度？学习上一节的知识点还是不能完全解答以上问题，本节我们再次深入探索一下视频的"帧"世界。

什么是帧速率

我们看到的视频是由一帧帧的画面，也就是一张张的图片构成的；如图 3-3 所示如果 1 秒内呈现的图片有 24 张，帧速率就是 24 帧/秒（fps）；1 秒内呈现的图片只有 8 张，帧速率就是 8 帧/秒（fps）；帧速率越大，画面就越流畅。当然也不需要过大，一方面肉眼看不出有什么区别，另一方面帧速率越大对计算机处理要求就越高。

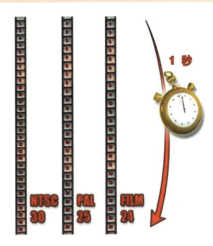

图 3-3

什么是分辨率

在"图像的加工处理"一章我们大概了解过"像素图"的概念，我们所看到的图像都是由一个个的像素点构成的；"分辨率"就是所显示图像的精密程度，也可以理解为像素点的多少。在屏幕大小一定的情况下，分辨率越高，图像越清晰；在分辨率一定的情况下，屏幕越小，图像越清晰；以前我们看到的电视节目都是标清，大致都是 720×576 的分辨率，长宽比一般是 4∶3；如今我们看到的视频大部分长宽比都是 16∶9，分辨率为 1920×1080；更大的分辨率就是 4K、8K。

什么是码率

码率，又叫比特率，是指每秒钟视频或音频的数据量，如图 3-4 所示，一般用兆/秒（m/s）或 k/秒（k/s）表示。其他条件相同的情况下，码率越大，视频越清晰，但文件也越大；同样，当码率超过一定数值，对图像并没多大影响时，即可完成调节。

分辨率	设置码率	设置帧率	编码格式
高清（640×480）	500kbps	15fps	H264
标清（480×360）	350kbps	15fps	H264
流畅（320×240）	250kbps	15fps	H264

图 3-4

回到本节最开始的问题，如何让视频文件更小，却更清晰呢？答案就在码率上，对码率进行处理，就叫作编码方式，一般有 CBR/ABR/VBR 三种方式。

CBR 全称 Constant Bitrate，意思是"固定码率"，就是在整个视频当中，码率固定不变；

VBR 全称 Variable Bitrate，意为"可变码率"。在视频当中，画面内容越丰富，所需码率越高，成像质量也会越好；画面内容不怎么丰富的地方用高码率效果并不明显。所以，"可变码率"根据画面内容的丰富程度自动调节，可保证成像质量的同时，让文件变得更小。想要让视频文件更小，内容更清晰，采用 VBR 的编码方式，并设定科学的数值，是解决问题的关键。

ABR 全称 Average Bitrate，意为"平均码率"，是一种介于 CBR 和 VBR 之间的折中方式。

视频编解码的工作原理是什么

★ 编码流程

（1）打开视频文件，获得视频流；

（2）从视频流中解包得到帧；

（3）帧不完整，重复从视频流中获取；

（4）某些情况下需要将 RGB 格式的颜色空间转换到 YUV 格式的颜色空间；

（5）对帧进行编码工作；

（6）重复第（2）步。

★ 解码流程

（1）打开视频文件，获得视频流；

（2）从视频流中解包得到帧；

（3）帧不完整，重复从视频流中获取；

（4）某些情况下需要将 YUV 格式的颜色空间转换到 RGB 格式的颜色空间；

（5）对帧进行解码工作；

（6）通过显示设备显示到显示器上；

（7）重复第（2）步。

如图 3-5 所示，编解码的核心为编码和解码过程，两者是一个可逆的过程，编码后的视频帧经过解码才能正常显示。

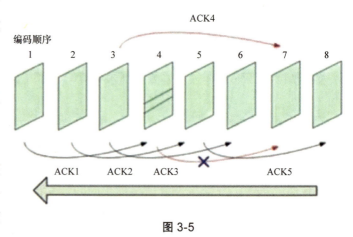

图 3-5

3.1.3 万宗归流

在日常工作中，我们接触的视频格式多种多样，如果我们现有视频的格式比较少见，或者不是我们需要的视频格式，就可以用格式转换软件转换成目标格式文件。

狸窝全能视频转换器怎么使用

第 1 步

如图 3-6 所示，首先添加需要转换的文件，点左上角的【添加视频】按钮，选中要转换的视频文件，单击【打开】按钮就加入了转换行列：

图 3-6

第 2 步

如图 3-7 所示选择预设方案（也就是目标格式），视频质量，音频质量，输出目录，以及进行具体内容的高级设置。

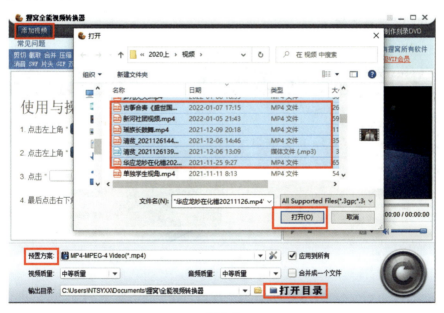

图 3-7

☞ **小提示**

别忘了选择输出目录。

第 3 步

如图 3-8 所示，单击右下角【转换】按钮！如果你还想在转换的过程中进行编辑，可以进行视频编辑，后面我们会做详细讲解。

图 3-8

转换格式需要多长时间

如图 3-9 所示，第一个视频时长 3 分 14 秒，转换时间为 41 秒。

图 3-9

如图 3-10 所示,第二个视频文件,535M,43 分 37 秒,转换时间为 3 分 30 秒。

图 3-10

几个视频如何转换合并成一个视频

如何把多个视频文件合并成一个视频?运行狸窝视频格式转换器,单击软件界面左上角【添加视频】按钮。

如图 3-11 所示单击【添加视频】按钮后,弹出【添加文件】窗口,选中所要添加合并的视频文件,单击打开将会添加到转换器中。

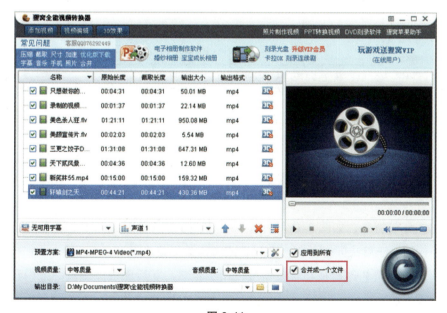

图 3-11

成功添加多个视频后,我们看到软件界面右下角有【合并成一个文件】选项,在其前面方框打钩,就会把添加的视频合并成一个我们所需格式的视频。预置方案默认的是 MP4 格式,当然也可以进入预置选择别的格式。

> 📁 **技巧收藏夹**
>
> 我们可以选中一个视频,然后进入视频编辑,截取这个视频的一小段参与合并。

> 📖 **拓展资料**
>
> 如图 3-12 所示,给合并视频设置参数,进入高级设置视频合并工具:选择视频编码器、视频质量、视频尺寸、比特率、帧率、宽高比、音频编码器、音频质量、比特率、采样率、声道等。设置输出目录,单击"开始转换"即可。

图 3-12

📄 特殊的视频格式如何转换

遇到一些特殊格式的视频,比如 qsv.、qlv.、swf. 等格式,这些格式用常规方法无法正常转换格式。

由于格式比较特殊,如图 3-13 所示网络上出现了很多解决教程,但是绝大部分是软广告性质的,能够真正解决问题的都需要付费或者购买下载。

其中,需要付费的迅捷视频转换器可以用于救急。在后面视频编辑一节中我们还会讲到非一般处理办法。

第三章 视频的加工处理   69

图 3-13

★ 试一试 ★

我们手里是不是有一堆视频文件需要转换呢，可以用"全能视频转换器"进行批量处理吗？我们可以利用狸窝视频处理软件进行相关的制作处理。

★ 研习任务 ★

1. 找一找你计算机里的视频，看一看都有哪些格式。
2. 将几个视频文件转换合成一个视频文件。
3. 将计算机里的视频批量转换成 MP4 格式。

📖 拓展资料

常用视频格式及对应的文件格式

视频封装格式	视频文件格式
AVI（Audio Video Interleave）	AVI
WMV（Windows Media Video）	WMV
MPEG（Moving Picture Experts Group）分为 MPEG-1，MPEG-2，MPEG-4	MPG MPEG VOB DAT 3GP MP4
Matroska	MKV
Real Video	RM RMVB
QuickTime File Format	MOV
Flash Video	FLV

3.2 发现有趣的世界

3.2.1 用什么角度拍

随着拍摄设备的普及，我们每个人都拥有了新方式来记录生活、工作、学习。如何用镜头来更好地讲述我们自己的故事呢？

在观看别人的视频作品时，我们时常会想为什么别人拍得很好（如图 3-14 所示），而我们拍摄的就很普通呢？本节我们就来了解一下拍摄视频的一些基本技巧。

图 3-14

如何使用运动镜头

运动镜头能制造一种转换代入感，让人自然融入其中，而不是给人一种生硬、突兀的感觉。

当你的宠物狗在追着你玩耍的时候，你快乐地向前跑，然后再回头看，此时如果我们能合理地运用第一人称和运动镜头拍摄，就能引导观看者代入真实的情绪情感。

运动镜头在拍摄视频时的运用方法。

★ 1. 推镜头

镜头向拍摄主体方向移动。由于推进改变了视觉范围，使观看者的视线由整体慢慢转向局部，突出局部的细节感，给观看者一种视觉引导。

常见的拍摄手法为匀速推进，但也可以根据拍摄主题需要，使用匀推、快推和慢推等手法。

★ 2. 拉镜头

镜头向拍摄主体反方向运动。与推相反，通常用于表现人物与环境的宏观场面或空间关系。在镜头向后拉的过程中，视距变大，观看者的视线由细节变为整体。同样根据需要可以匀速拉、慢拉和快拉。

> 📂 **技巧收藏夹**
>
> 推拉镜头的运用原理与镜头的变焦差不多，其实是一种改变观察者视距的方法。但在实际运用中，推拉镜头与变焦拍摄出的效果不同，大家可以分别用两种方法尝试对比一下。

★ 3. 摇镜头（上、下、左、右、斜等）

一般来说机位不动，如图3-15所示，镜头通过上下左右摇动的方式拍摄主体与环境，通常用来表现空间、人物的心理状态，以及人物与空间的关系等。

★ 4. 移镜头

沿水平方向（直线）向各个方向移动进行拍摄，一般视频拍摄方式为滑轨移动，普通人用手持稳定器，放上手机即可拍摄。移动镜头能给人一种跟随的效果，可以用于展示环境或巡视某个对象。

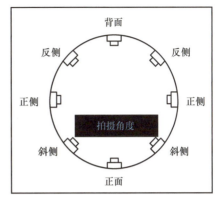

图 3-15

★ 5. 跟踪镜头

属于"移动镜头"范畴。不过，"移动镜头"一般是保持直线运动，"跟"是跟踪拍摄主体，在跟踪人物移动的过程中，一定要注意保持拍摄主体位于画面中。跟拍符合人眼的真实观测感受，给人一种真实在场的感觉。

★ 6. 甩镜头

严格来说属于"摇镜头"的范畴，一般来说此镜头的用法是为了让观看者产生紧张紧迫感，拍摄手法一般是在一个画面结束时快速转向另一个画面，拍摄出的画面会有模糊感，有转场特效的感觉。通常我们看到的视频中，人物或拍摄主体在逃跑、打斗或是紧张地环顾四周时经常用这种表现手法拍摄。

★ 7. 升与降镜头

匀速升或降，视觉上可有一种跟随转场的效果，也能展现出空间的纵深关系、人物的出现、视觉的扩展或收缩、场面的规模，或者用于烘托剧情的气氛等。

★ 8. 旋转镜头

以镜头自身作为圆心旋转拍摄，环境转向人物的过程中，可表现出拍摄主体的主观感受，或者为了烘托主体的情绪，急速旋转运用，也可给人一种眩晕窒息的感觉。

我们平时在观看视频时可以思考一下视频中运动镜头的运用，如图3-16所示，为什么这样拍？假如是我应该怎么拍？结合自己的短视频创作，大胆尝试，熟能生巧，相信我们也可以拍出令人感到惊艳的作品。

图 3-16

> ☞ **小提示**
>
> 运动镜头中轻微的抖动是为了营造剧情或感情的需要,但是剧烈的抖动会给人带来一种糟糕的观看体验,拍摄时画面要尽可能保持稳定,此时应用我们在第二章介绍的手持稳定器,是一个很好的选择。

3.2.2 杂乱无章抓重点

一个优秀的视频作品要清晰展现视频拍摄的主体,明确体现视频想要表达的主题。有中心思想的视频才是有灵魂的。

如图 3-17 所示,要想更好地表达视频的中心思想,就需要视频呈现良好的画面,首先必须将视频主体拍摄好,只有清晰展现主体,才能保证视频中心思想能被更清晰地表达与传递。

图 3-17

如何拍摄主体

★ 拍摄主体的选择——轻松展现主题

所谓主体,就是指视频所要表现的主题对象,是反映视频内容与主题的主要载体,也是视频画面的重心或中心。一般来说,可以更好地展现出视频拍摄主体的方法主要有两种:第一种是直接展现视频拍摄主体,也就是说,在视频拍摄时,直接将想要展现的拍摄主体放在视频画面最突出的位置。第二种是间接展现视频拍摄主体,也就是通过渲染其他事物来表现视频拍摄主体,主体不一定要占据视频画面中很大的面积,但也要突出,占据画面中关键的位置。

★ 拍摄陪衬的选择——侧面烘托中心

陪衬也就是视频拍摄中的陪体部分,所谓陪体,是指在视频画面中对拍摄主体起到突出与烘托作用的对象。

一般来说,在视频拍摄中,主体与陪体相辅相成,相互作用,使视频画面层次更加丰富,也使视频的主题随着主体与陪体的相互作用而不断展现。

需要注意的是,陪体占据的视频画面的面积不可大于视频主体。另外,要合理调整主体与陪体之间的位置关系和色彩搭配,切不可反客为主,使视频主体失去主导地位。

★ 拍摄环境的选择——整体突出主体

在视频拍摄中所说的拍摄环境,包括前景和背景两种形式。

"前景"是指在拍摄视频时位于视频拍摄主体前方或者靠近镜头的景物,"前景"在视频中能起到增强视频画面纵深感和丰富视频画面层次的作用。

"背景"是指位于视频拍摄主体背后的景物,可以让拍摄主体的存在更加和谐、自然。同时还可以对视频拍摄主体所处的环境、位置、时间等进行一定的说明,更好地突出主体,营造视频画面的气氛。

因此,拍摄环境几乎是所有视频都不可分割的重要部分。加上了环境,就能让观众在明确视频拍摄主体的同时,感受到拍摄者想要表达的思想与情感。

★ 拍摄时间的选择——抓住时机

对于视频拍摄来说,拍摄时机也很重要。一方面,世间万物都有其自身的时间,一旦错过了,就不得不等到下一次。

例如,你想要拍摄荷花,就必须夏天拍摄;想要拍摄露珠,就必须清晨或傍晚拍摄。所以,在进行视频拍摄的时候,要注意抓住时机。

另一方面,对于同一个视频拍摄主体来说,在不同时间点拍摄的视频画面所呈现出来的效果也是完全不同的。

如何用构图突出主体

构图是根据画面的布局和结构,运用相机镜头的成像特征和摄影手法,在主题明确、主次分明、布局适宜的情况下,组成一幅简洁、多样、统一的画面。

★ 三分构图法

如图 3-18 所示,三分构图法是最常用的一种构图方式,是根据黄金分割产生的简易分割,用这个分割方法,画面很容易达到平衡。

图 3-18

实际上,三分法的分割是把一个区域作为中心,周边和目标重合。

三分法可分为水平线三分法、垂直三分法、九宫格三分法。目前绝大多数照相机甚至是手机都设置了九宫格辅助构图线,适合拍摄各种题材,特别是风景和人物。

> 📝 **操作方法**
>
> **九宫格三分法**
>
> 目标如果无法填充全部 1/3 画面时，可用横竖三个部分，分为九个格子，从而使画面产生灵动活泼之感。
>
> **垂直三分法**
>
> 目标垂直于画面左或右 1/3 处，会使画面变得更加动感，让画面呈现显得更加充实。
>
> **水平线三分法**
>
> 将水平线安置于图中的不同位置能够收到不同的视觉效果，水平线三分法通过上下移动水平线来突出画面中大地或者天空的主体地位，在需要创意时可以让水平线处于中间地带。

⭐ **引导线构图**

引导线构图法，是指利用线条引导观看者的目光，使之汇聚到画面的主要表达对象上，适合用来表现大场景、远景，如图 3-19 所示。

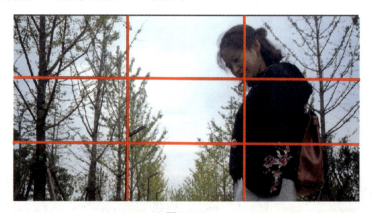

图 3-19

引导线并不一定是具体的线。只要是有方向性的、连续的东西，都可以称为引导线。

在现实生活中，道路、河流、整齐排列的树木、颜色、阴影，甚至是人的目光都可以当作引导线使用。

> 📝 **操作方法**
>
> **第一，找汇聚线**。汇聚线是引导线中最典型、最常见和效果最好的一种，只要找到平直延伸的道路、隧道或者其他的长条形物体，进行平位远拍，照相机自带的透视效果就能产生汇聚线。
>
> **第二，强化吸睛效果**。引导线的最大意义就是吸引注意力，因此要尽量加大这种效果，可采取两种方式。
>
> **一是采用广角镜头的方式**，广角镜头可以放大前后景的距离感，位于下边缘的汇聚线起点就能分得更开，使汇聚线显得更加有气势。

> 二是在汇聚线两旁安排大量的重复景物，这可产生强大的视觉冲击力，从而达到更加吸睛的目的。

★ 对称构图法

如图 3-20 所示对称式构图的特点是平衡、稳定、相呼应，但缺点是过于呆板、缺少变化，适合表现对称的物体、建筑或具有特殊风格的物体，能够给人一种稳定、安逸、平衡的感觉。

图 3-20

> **操作方法**
>
> 按照一定的对称轴或对称中心，使画面中的景物形成轴对称或者中心对称。
> 在注意对称的同时，还要留意一些基本原则，如人物元素在保持对称的同时，稍稍较中心位置靠下，如此才能体现画面中对称双方的关系。

3.2.3　分镜效果 666

我们要想将视频拍得好看，分镜头可以实现对视频表现优化的作用。可以用不同的画面组合，来表现视频创作的思路。为避免观看视频时产生视觉疲劳，也便于后期以多画面的衔接来表达镜头语言，拍摄同一行为和动作时，可以通过不同的机位角度以及不同的景别，来表现氛围、节奏和细节。

如何拍摄分镜效果

拍摄分镜视频前,我们一般需要做一个视频拍摄分镜脚本,见表3-1。

表 3-1

拍摄地点:						拍摄时间:				
视频主题:						拍摄道具:				
镜号	时间	景别	镜头位置	镜头运动		内容	画面	音效	处理	备注
1	10s	全景	右45°	固定		洗菜	食物冲水	轻音乐	淡出	
2										
3										
4										
5										
6										
7										
8										
9										
10										
11										
12										
13										
14										

"景别"就是镜头的远近,我们也称之为"机位",也就是手机或者其他摄影器材的拍摄位置。一般可以分为以下几种,如图3-21所示。

特写:一般用于<u>捕捉人物的神情,肢体动作</u>,或是<u>物体的细节</u>。特写最重要的就是细节的拍摄。

近景:<u>一般用于拍摄人物的半景</u>,比如我们拍摄人物上半身,就要运用到近景拍摄。拍摄小物体也可以用到近景。也就是说我们只要拍摄目标的一小部分就需要用近景拍摄。

远景:远景拍摄就是将<u>人物或者物体基本全部拍摄进去</u>。但是像房子这种大物体就无能为力了,所以远景只能拍不是特别大的物体。

全景:如果我们想将房子或者一个大场景全部都拍摄进去,应该怎么办?这时候就要运用全景拍摄了。全景运用在<u>大环境拍摄</u>中。一般的全景都采用广角拍摄,也可以用航拍定点环绕拍摄的方式。

镜头运动可以参考本章3.2.1节讲述的内容。

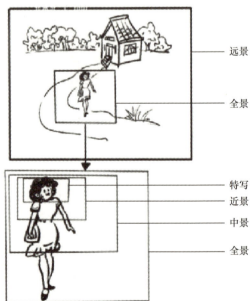

图 3-21

如何设置分镜之间的转场

为了将分镜头联系起来，需要了解另一个概念——转场。

"转场"即将分镜头素材画面剪辑拼接在一起，呈现两个分镜头之间的关系。

我们将"转场"分为直接拍摄表现的"物理转场"，和通过后期剪辑表现的"效果转场"。

物理转场，是一般在连续动作行为中表现的转场形式，可以不需要任何表现手法，也就是直接切换。

效果转场，是在入门视频剪辑中常用的分镜连接方式，几乎在每个剪辑软件里都具备这个功能。

列举几个我们比较常用的转场效果。

转黑/转白，常用于两种不同分镜头内容的切换，有一定时间跨度而非连续拍摄出来的画面。

淡化过度/模糊过度，常用于两个不同分镜头内容的空间关系切换，使画面柔和切换，增强观看性。

★ 研习任务 ★

1. 用运动镜头拍摄一组视频。
2. 用九宫格法拍摄突出主体的视频。
3. 分镜拍摄一段主题为课间活动的短视频。

3.3　视频编辑软件

3.3.1　截长补短

视频拍摄完成后，我们需要进行后期的编辑制作。从未接触过剪辑，太过专业的软件，不知道视频要怎么编辑处理，都是我们面临的问题。抖音、视频号等平台的出现，带动了各式各样酷炫视频的展示，也带动了视频编辑软件的平民化发展。

本节我们一起了解一下非常适合新手的剪映 App 和喀秋莎录屏编辑软件，简单快速地剪辑出一个高质量的酷炫视频。

如何使用剪映 App

第 1 步：添加视频

如图 3-22、图 3-23 所示单击上方【+开始创作】按钮，选择手机相册里需要编辑的视频，添加到项目里来。

图 3-22　　　　　　　　　　　　　　图 3-23

第 2 步：视频编辑

上一步我们把视频添加进来后，下一个页面才是剪映的主要剪辑工作页面，功能非常多，我们着重介绍日常剪辑中会使用到的基础功能，如图 3-24 所示。

分割功能： 顾名思义就是裁剪功能，当我们把视频添加进来后，觉得这段视频的开头很完美，是我们想要保留的，但后面一段视频画面质量不好，就可以利用分割功能，裁剪掉这一部分内容，如图 3-25 所示。

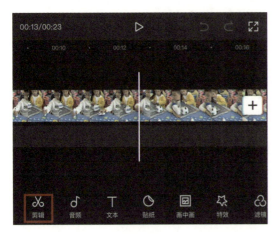

图 3-24　　　　　　　　　　　　　　图 3-25

合并视频： 上一节介绍过在拍摄过程中，我们运用到分镜头拍摄，想把这几个分镜头拍摄的视频合并在一起，那么这个时候只需单击视频轨道右边的【+】，把需要合并的视频添加进来即可，如图 3-26 所示。

添加转场：当我们裁剪完视频或者合并完视频后，发现两段视频过渡不完美或者很生硬，就可以运用转场功能来让它们完美地衔接在一起。

添加音乐：一些视频拍摄的背景声音过于单调，我们可以添加合适的背景音乐，让视频更生动，让人产生共鸣，并对我们的视频加深印象，如图 3-27 所示。

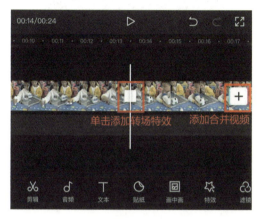

图 3-26

图 3-27

添加字幕：是指通过后期剪辑添加上去的字幕。我们可以自行【新建文本】，输入文字，还可以利用"识别字幕"功能，快速完成字幕台词的添加，如图 3-28、图 3-29 所示。

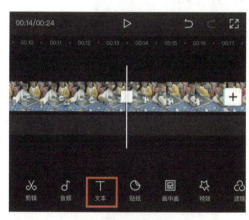

图 3-28

图 3-29

特效和滤镜的使用：拍摄的视频过曝或者欠曝，光线不佳导致画面不好看？我们可以利用特效和滤镜来优化视频画面。

第 3 步：导出视频

如图 3-30 所示单击右上角的【导出】按钮，保存到手机。

我们在导出视频时需要注意导出视频的格式，一般选择 1080P，30 帧。这个格式也是适合短视频平台上传的尺寸。如不需同步到网络端，可以不勾选同步选项，如图 3-31 所示。

图 3-30

图 3-31

📁 **技巧收藏夹**

进阶功能玩法

画中画：实现两段视频同时在一个画面播放的效果，可以利用【画中画】+【蒙版】功能制作，如图 3-32 所示。

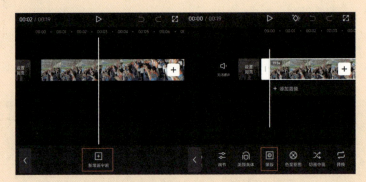

图 3-32

去水印：单击打开右上角的设置界面，然后单击关闭【自动添加片尾】按钮后，导出的视频就不会有片尾和水印，如图 3-33、图 3-34 所示。

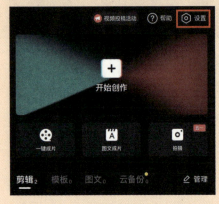

图 3-33

图 3-34

扫描封面上的二维码，观看使用剪映计算机版编辑视频。

如何使用喀秋莎编辑视频

喀秋莎视频编辑软件是一款集录屏和编辑于一体的软件，非常适合教师使用，界面简洁，操作简单，打开软件后界面如图 3-35 所示。

图 3-35

第 1 步：导入视频和素材

单击【+】导入媒体如图 3-36 所示，把我们录制好的录像素材导入到软件当中，比如片头、片尾、录像片段等。也可以把需要的视频片段按顺序拖入编辑区。

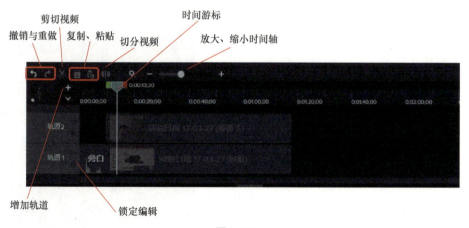

图 3-36

按照编辑顺序依次把片头、录像片段、片尾拖入编辑区域下方的轨道 1 位置。单击空格键就会播放或暂停编辑区域内的录像内容。拖动片头或片尾录像块，可以编辑录像的时长。

第 2 步：录像的分割和删除

录像中如果有需要删除的片段，就要对原视频进行分割，把不要的部分进行删除。

> 📁 **技巧收藏夹**
>
> 如果不能很准确地选取视频时间，我们可以把时间轴放大，便能够更精细地进行视频编辑。

第 3 步：添加文字效果

将时间游标置于需要插入标记的时间点，如图 3-37 所示单击左侧边栏【注释】，将适合的样式拖拽至屏幕中即可编辑调整。

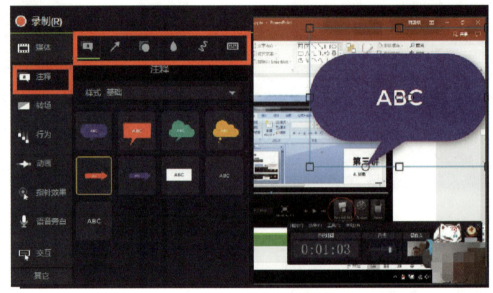

图 3-37

第 4 步：转场和背景音乐的编辑

为了增加播放效果我们可以在片段中间加入转场，形成片段与片段之间的过渡，如图 3-38 所示。如果需要背景音乐的话，我们可以在轨道 2 中加入背景音乐。

第 5 步：视频输出

视频编辑完成后，把所有片段按照时间轴连接在一起，就可以输出了，注意片段之间不能有空白档，否则输出部分会有黑屏。

单击文件菜单，如图 3-39 所示，利用分享功能，就可以选择生成格式，它会提醒您选择存放路径等，选择好后就可以输出视频了。

图 3-38

第三章 视频的加工处理 83

图 3-39

扫描封面上的二维码，观看使用喀秋莎编辑视频。

3.3.2 我的配音我做主

成功的影片是视听语言的完美结合。既然是"视听"，那就不仅有画面，还一定要有声音，好的声音同样非常重要。如果一段视频的画面足够精美，创意也新颖，但旁白或者解说音色与影片严重不符，音调太大或太小，听不清或声音不够动听，都会削弱视频的效果，引起不好的观感。

如何用剪映 App 剪切声音

第 1 步

如图 3-40 所示在应用界面中单击【+开始创作】按钮，单击之后进入到制作视频的界面。

第 2 步

如图 3-41、图 3-42 所示，在制作视频的界面中，我们在视频制作完成之后单击【+添加音频】按钮。

第 3 步

如图 3-43 所示单击【添加音频】按钮之后，我们可以直接找到想要添加的音频，单击【使用】按钮即可下载添加到制作界面。

图 3-40

图 3-41

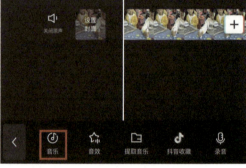

图 3-42

第 4 步

将音频添加进来之后，我们可以移动指针，选择想要剪切的音频部分，移动到剪切的位置之后单击【分割】按钮，如图 3-44 所示。

图 3-43

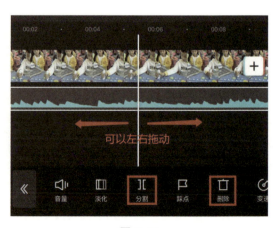

图 3-44

第 5 步

单击【分割】按钮之后,就将需要删除的音频部分和需要保留的部分分开了,选择不需要的那一部分音频,单击【删除】按钮,将它删除掉就可以了。

如何用剪映 App 调节声音大小

第 1 步

如图 3-45 所示在视频剪辑窗口,单击【剪辑】按钮。

第 2 步

如图 3-46 所示滑动选项,找到并单击【音量】按钮。

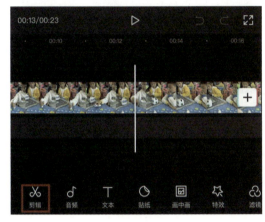

图 3-45

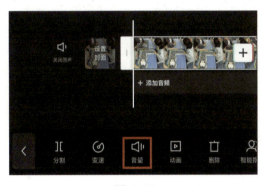

图 3-46

第 3 步

如图 3-47 所示滑动调音台即可调节音量,调好之后,单击【√】按钮。

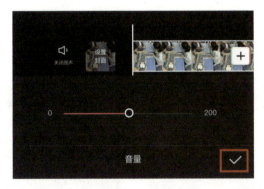

图 3-47

如何用剪映 App 变声处理

第 1 步

在视频剪辑窗口,单击【剪辑】按钮。

第 2 步

如图 3-48 所示滑动选项，找到并单击【变声】按钮。

第 3 步

如图 3-49 所示在变声处理面板栏中，可根据需要选择合适的变声样式，单击【√】按钮。

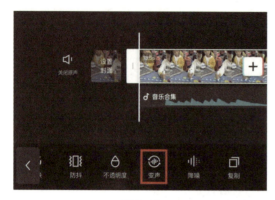
图 3-48

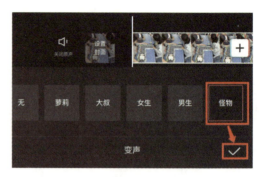
图 3-49

扫描封面上的二维码，观看剪映计算机版变声处理的操作过程视频。

如何用剪映 App 降噪处理

第 1 步

在视频剪辑窗口，单击【剪辑】按钮。

第 2 步

如图 3-50 所示滑动选项，找到并单击【降噪】按钮。

第 3 步

如图 3-51 所示在降噪处理面板栏中，单击【降噪开关】按钮，软件将自动进行降噪处理，单击【√】按钮。

图 3-50

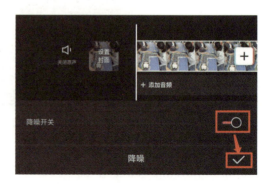
图 3-51

扫描封面上的二维码，观看剪映计算机版降噪处理的操作过程视频。

> 📖 拓展资料

在喀秋莎软件中如何进行声音的降噪处理？

第 1 步

如图 3-52 所示单击【音频效果】按钮。

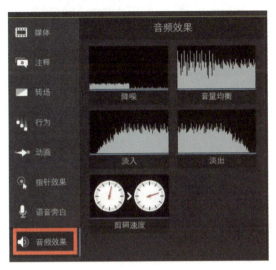

图 3-52

第 2 步

如图 3-53 所示，将音频效果中降噪功能块拖动到需要降噪的音频轨道上。

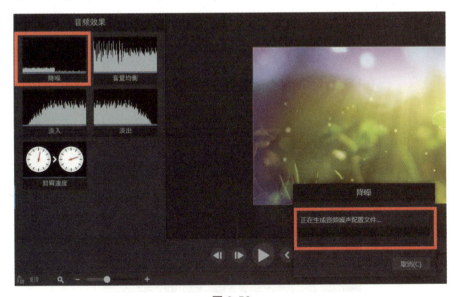

图 3-53

第 3 步

如图 3-54 所示，选中音频轨道上需要降噪的音轨，在调节窗口进行降噪选项调节。

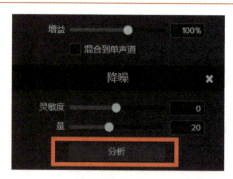

图 3-54

3.3.3 图片轮播嗨起来

我们每次出去玩，都会拍摄很多图片留下美好的回忆；或者班级活动拍摄了很多静态的图片，如何将这些美好的画面整理连成一个动感的视频呢？本节我们就来学习如何制作图片动态视频。

📝 如何用剪映 App 制作图片动态

第 1 步

如图 3-55 所示打开剪映 App，单击【照片】按钮，添加图片。

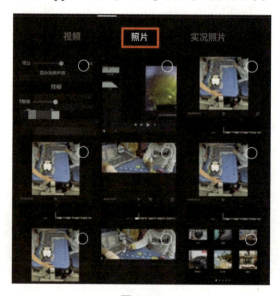

图 3-55

第 2 步

如图 3-56 所示选中图片，拖动白色方框设置图片时长。

第三章　视频的加工处理 89

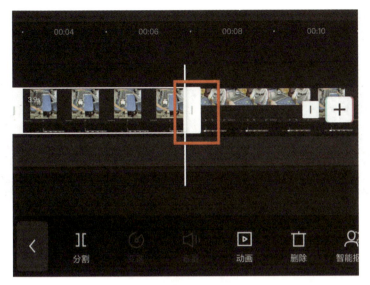

图 3-56

第 3 步

如图 3-57 所示单击图片之间的白色按钮，设置一个合适的转场。

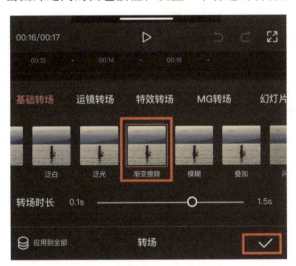

图 3-57

第 4 步

单击下方【音频】按钮，添加一段好听的音乐。

第 5 步

如图 3-58 所示单击【设置封面】按钮、如图 3-59 所示【添加片尾】按钮，设置片头片尾。

第 6 步

设置完成，单击下一步按钮后，单击屏幕右上方【导出】按钮，系统会显示自动导出视频进度条，进度完成后，视频生成。

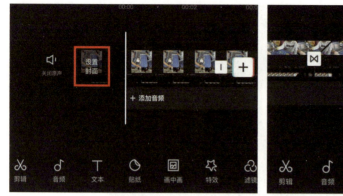 

图 3-58　　　　　　　　　　　图 3-59

如何用喀秋莎制作图片动态

第 1 步

如图 3-60 所示把需要制作的图片文件批量导入 WPS，设置动画放映效果。

图 3-60

技巧收藏夹

我们可以手动放映，也可以设置自动放映。

第 2 步

如图 3-61 所示打开喀秋莎，放映 WPS，用录屏功能将放映效果录制下来。

图 3-61

第 3 步

加入背景音乐，导出视频。

扫描封面上的二维码，观看喀秋莎制作图片动态的操作过程视频。

拓展制作图片动态

我们还可以用第三方电子相册软件制作图片视频效果，这一类软件大部分是收费的，其中"艾奇视频电子相册制作软件"的这个功能是免费开放的。

第 1 步：添加图片到软件中。

运行软件后，如图 3-62 所示单击【添加图片】按钮，把制作电子相册所需要的图片文件导入到软件列表中。

图 3-62

图片文件导入后以缩略图形式在列表中显示，如图 3-63 所示。单击鼠标左键并拖拽列表内的缩略图可以对图片进行重新排序。

图 3-63

第 2 步：添加音乐文件到软件中。

如图 3-64 所示单击软件顶部工具栏中的【添加音乐】按钮，可导入一个或多个 MP3 等常见格式的音乐文件到软件中，用于制作电子相册的背景音乐。

图 3-64

第 3 步：开始制作视频电子相册。

如图 3-65 所示单击【开始制作】按钮开始制作电子相册。

图 3-65

这时，软件会进一步要求设置确认输出视频的相关参数，如图 3-66 所示。根据自己的需要，选择一个视频输出格式，然后就正式开始制作啦！

图 3-66

现在，我们要做的只是等待，软件制作结束，将得到一个你所专属的图片视频文件。

📁 技术收藏夹

图片编辑设置小技巧

图片编辑——如图 3-67 所示通过单击【铅笔】按钮，或者双击添加到列表中的图片缩略图可以进入图片编辑界面。

图 3-67

【转场效果】标签——在这里用户可以根据自己的需求对每张图片转场效果、显示方式、展示时长、转场效果时长等参数进行调整，如图 3-68 所示。

图 3-68

【图片裁剪】标签——为了避免最终输出的相册视频出现黑边的情况，或者想要去掉图片的某部分画面，需要对图片进行裁剪。在这里可以根据自身需求对每张图片进行裁剪，如图 3-69 所示。

图 3-69

【旋转翻转】标签——如图 3-70 所示可以通过勾选操作,对图片进行旋转、翻转,还可以设置图片黑白等滤镜效果。

图 3-70

【添加文字】标签——在"文本输入框"输入文字,如图 3-71 所示单击【添加文本】按钮。文字会出现在画面中,可以多次操作添加多行文字。

图 3-71

选中文本列表中的某行文字后，可以在右侧的各种选项中给文字设置字体、字号、字形、颜色、描边等参数。

★ 研习任务 ★

1. 用剪映 App 编辑一段分镜头视频。
2. 用喀秋莎软件编辑一段有噪声的视频，将噪声去掉。
3. 用艾奇视频电子相册制作软件制作一段学生春游时的图片视频。

拓展资料

狸窝全功能视频转换器，是一款功能强大、界面友好的全能型音视频转换及编辑工具。

剪映 App，是一款好用的视频剪辑、编辑工具，拥有众多剪辑功能，集视频特效、视频滤镜、视频裁剪、视频字幕、视频合成等功能于一身，超多短视频素材和模板全部免费使用，并且具备视频去水印、倒放、剪辑等功能！

喀秋莎，Camtasia Studio，功能实用靠谱，在录屏、制作视频等方面功能全面，易上手，需注册后使用。

艾奇视频电子相册制作软件，用照片和视频，配上音乐和歌词字幕，轻松制作各种格式的视频电子相册。只需简单的 3 步操作，就能输出高清画质的视频相册，可以通过微信、QQ 分享给亲朋好友。自带字幕编辑器，部分功能收费。

★思考题

申请一个视频号，思考如何利用这个视频号拓展我们的教育教学场景，使之与传统的教学模式形成合力？

Chapter 04

第四章　动画的加工处理

本章学习目标

1. 认识常见的动画制作软件，会根据任务选择合适的动画软件完成作品。
2. 初步具备计算机二维动画的制作能力，会制作补间动画。
3. 了解计算机动画的性质和基本技术，为进一步学习高级动画设计制作奠定坚实的基础。

本章学习要点

本章 4.1 节基于静态的照片制作动画效果，使用 DP Animation Maker 软件让静态的瀑布图片动起来，制作静夜效果动画，并结合课文情境制作各种天气效果的动画。4.2 节制作手绘动画和制作角色讲解动画。4.3 节通过制作风车、海盗船等动画，帮助教师掌握基本的二维动画技巧。

本章知识导学图

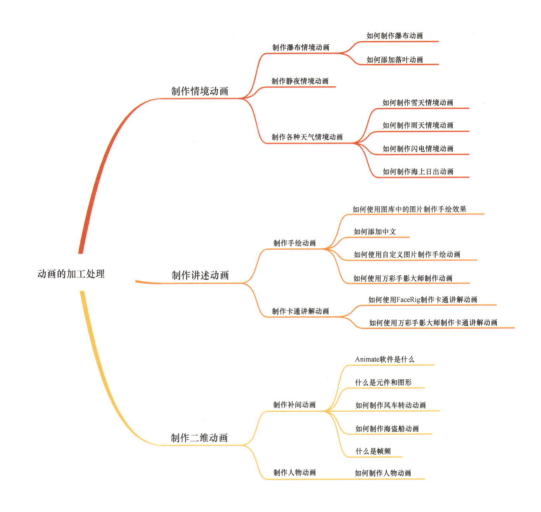

你的学习计划

学习内容		概念	实践	问题	成果
制作情境动画	制作瀑布情境动画				
	制作静夜情境动画				
	制作各种天气情境动画				
制作讲述动画	制作手绘动画				
	制作卡通讲解动画				
制作二维动画	制作补间动画				
	制作人物动画				

4.1 制作情境动画

4.1.1 制作瀑布情境动画

一张普通的瀑布照片，能够做成动态的效果，水幕从天而降，天空飞翔着雄鹰；一张海上日出的照片，可以做成动态的视频，一望无际的海水泛起粼粼波光。可以根据一根蜡烛图片制作烛火摇曳的视频，可以根据静止的月夜图片制作星星忽闪忽现的效果，如图 4-1 所示。

图 4-1

使用 DP Animation Maker 软件能制作出这样的效果，我们来看看制作的方法。打开 DP Animation Maker 程序，我们先来看几个案例，界面左下角提供了五个案例，依次是：Aquarium Example、Forest Example、Matrix Code Example、Seascape Example、Waterfall Example，选择其中的一个，单击【Open】按钮，就可以查看案例的效果，如图 4-2 所示。

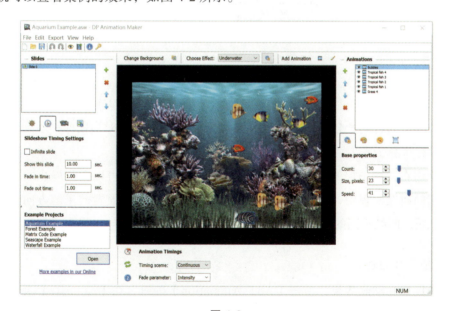

图 4-2

如何制作瀑布动画

下面我们开始制作瀑布的效果，DP Animation Maker 依据背景图片制作动画，这个背景是动画发生的主场景，图片要足够清晰。单击顶部的【Change Background】按钮，导入背景图。

　　DP Animation Maker 里有两种类型的动画工具，一种是可以直接使用的对象，比如雪花、鱼儿、老鹰等动画物体；还有一种是动画笔刷，可以将背景中的某个区域实施动画效果。我们先从动画笔刷开始，首先我们让图片中的水动起来，单击顶部的【Add Animation】按钮，在弹出窗口中的【Nature Brushes】中找到【Stream brush】，然后单击【Apply Selected Animation】按钮应用选中的动画效果，如图 4-3 所示。

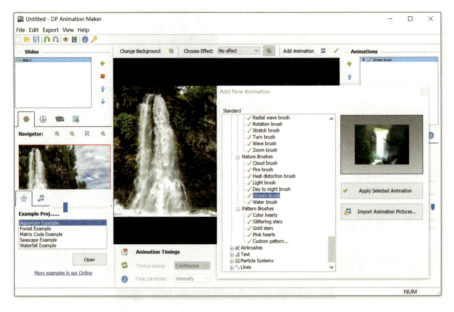

图 4-3

　　在软件窗口的右侧，会出现【Stream brush】图层图标，同时当鼠标移动到背景图区域时，鼠标指针将会变成十字状。

　　使用笔刷在背景图层的瀑布区域描绘，随着笔刷的描绘，可以看到静止的图片动起来了。在右侧的属性面板中，可以自定义笔刷的各种效果，比如设置效果的方向、速度、大小和颜色，用以匹配不同的作品，这里我们使用默认的设置。

如何添加落叶动画

　　我们继续添加动画效果，单击【Add Animation】按钮，在【Animated Objects】中找到【Leaf fall 4】落叶动画，增加落叶动画；找到【Rays of light】增加光线变化的动画，可以调整光线动画的区域、光线的数量等。

　　现在可以单击【Export】按钮，在弹出窗口中选择视频的格式：MP4，MOV，AVI，WMV，GIF，PNG 序列或者是可执行的 EXE 文件。

4.1.2 制作静夜情境动画

有很多描写月夜的课文，如果我们能制作这样的动画，就能更好地帮助学生理解文本的意境。

首先导入背景图，我们将添加三种不同的动画，让烟囱冒出袅袅炊烟，夜空中的星星忽隐忽现，偶尔飞过几颗流星，如图 4-4 所示。我们先从炊烟开始，单击【Animated Objects】按钮，在动画对象列表中，选择【Light & Fire】添加【Smoke】，在右侧的属性面板中，设置烟雾的 Speed（速度）为 15，Width（宽度）为 40，Height（高度）为 40，Density（浓度）为 12，Wind（风向）为 50，这样炊烟竖直飘上去，会给人一种没有风的感觉，如图 4-5 所示。

图 4-4

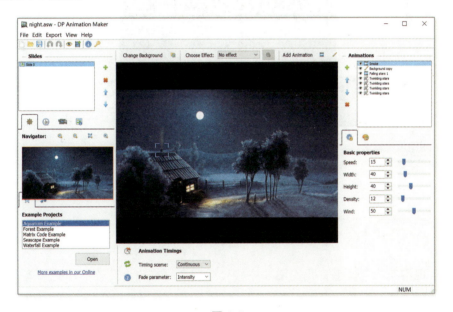

图 4-5

下面我们来添加流星动画对象，单击【Add Animation】按钮，在动画对象列表中，找到【Light & Fire】下的【Falling stars 1】，回到舞台中，拖动流星的位置，使其位于画面上方的天空处，现在我们来调整流星的参数。在属性面板中，设置 Density（密度）为 125，Size（大小）为 8，Speed（速度）为 30，Angle（角度）为 315。

最后我们来设置一闪一闪的星星，单击【Add Animation】按钮，找到【Air brushes】下的【Twinkling stars】，单击【Apply Selected Animation】按钮添加到背景中，此时鼠标

指针变成十字形状,在天空中单击鼠标,就能添加星星了。此时,画面中的星星就会呈现闪烁的效果了。

4.1.3 制作各种天气情境动画

中小学语文教材中有描述下雪天、雨天、雾天等天气的课文,本节我们来制作不同的天气动画效果。

如何制作雪天情境动画

首先导入冬季背景图,单击【Add Animation】按钮,找到【Animated Objects】选项卡下的【Weather】,从【Weather】选项卡中找到【Snow 1】,添加到背景中,设置雪花的属性 Count(数量)为 25,Size(大小)为 30,Speed(速度)为 100,如图 4-6 所示。

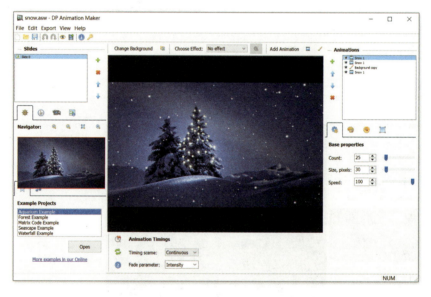

图 4-6

为了实现雪花的层次感,我们增加一些尺寸较小的雪花,设置不同的降落速度。分别增加两种不同类型的雪花,设置【Count】(数量)为 100、【Size】(大小)为 15、【Speed】(速度)为 50;再增加一种类型的雪花,【Count】(数量)为 200、【Size】(大小)为 7、【Speed】(速度)为 25,我们也可根据自己的情况进行调整。设置完成,观察画面的呈现效果。

如何制作雨天情境动画

下雨效果与下雪效果位于同一个位置,添加【Rain】效果后,设置 Count(数量)为 98,Size(大小)为 180,Speed(速度)为 50,如图 4-7 所示。

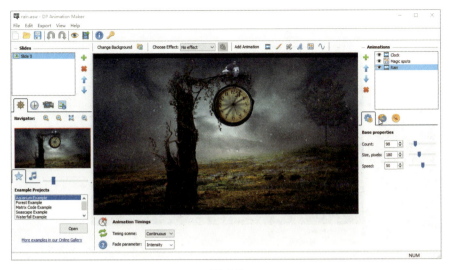

图 4-7

如何制作闪电情境动画

一些课文中需要创建雷电交加的情境,比如《雷雨》是部编版二年级下册语文教材中的课文。文章用精炼的文字为我们描绘了雷雨前、雷雨中、雷雨后的自然景象。我们可以根据需要增加闪电【Lighting bolt】等效果,创建符合课文内容情境的动画。

第 1 步

利用百度等搜索引擎,寻找【乌云】主题相关的图片,并下载下来,如图 4-8 所示。

图 4-8

第 2 步

运行 DP Animation Maker,单击【Change Background】按钮,将背景设置为乌云图片。单击【Add Animation】按钮,在弹出的添加新动画窗口中找到【Weather】选项卡下的【Lighting bolt】效果,列表中一共预置了 4 种不同的动画效果,如图 4-9 所示,单击【Apply Selected Animation】按钮,选择这里的一个或者多个动画效果插入到背景中。

图 4-9

第 3 步

在舞台中，拖动闪电动画四周的控制点，调整闪电的位置。在属性面板中，设置闪电的数量、大小和速度。设置完毕后生成视频文件。

如何制作海上日出动画

巴金写过一篇非常优秀的写景抒情散文《海上日出》，文章按日出前、日出时、日出后的顺序重点描绘了晴朗天气和有云时海上日出的不同景象，展现了日出这一伟大奇观。下面我们用动画再现这个情境。

第 1 步

搜索海上日出的照片，下载到电脑上，如图 4-10 所示。

图 4-10

第 2 步

运行 DP Animation Maker，单击【Change Background】按钮，将背景设置为日出图片。单击【Add Animation】按钮，在弹出的添加新动画窗口中找到【Animated Brushes】选项卡下的【Nature Brushes】，添加【Water brush】，如图 4-11 所示。

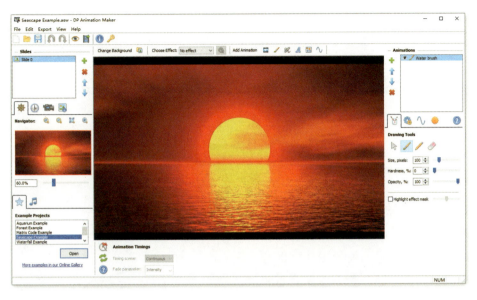

图 4-11

第 3 步

将鼠标移动到图片位置，此时鼠标指针变成十字形状的笔刷，按住鼠标在水面描绘，我们会发现，描绘到的地方水面都动起来了。至此，我们可以将其生成视频文件了。

★ 研习任务 ★

1. 选择一篇课文，制作情境动画。
2. 研究【Animated Objects】类别下的所有未用过的动画对象，并利用这些动画对象制作动画。
3. 研究未使用过的动画笔刷，并利用这些动画笔刷制作动画。

4.2 制作讲述动画

4.2.1 制作手绘动画

使用 VideoScribe 可以很方便地制作手绘动画，用可视化的方式呈现自己的观点，使信息或者观点更容易被观众理解和吸收。

如何使用图库中的图片制作手绘效果

第 1 步：添加图片

添加图片是使用 VideoScribe 时最常使用的功能，VideoScribe 将以手绘的形式逐步描绘出这个图片，如图 4-12 所示。

图 4-12

单击工具栏上的【添加图片】按钮，弹出【添加图片】对话框，VideoScribe 的内置图库有很多高质量的矢量图片可供选择。可以从不同的主题分类中选择需要的图片，也可以在文本框中查找自己想要的图片，如图 4-13 所示。

第 2 步：添加文字

添加文字可以更好地传达想要表达的信息。单击工具栏上的【文字】按钮，在弹出的【添加文本】对话框中，输入文本

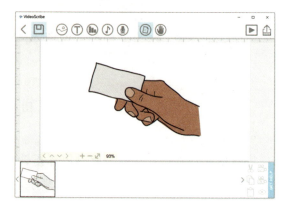

图 4-13

内容，还可以设置字体和文字颜色，设置完毕后打钩确认。接下来将文字移动到合适的位置，通过四周的控制点调整文字大小，通过中间的旋转按钮调整文字角度。如果文字较小，中间的按钮不够清晰，可以先将文字调大，调整旋转角度后，再缩小到合适的大小，如图 4-14 所示。

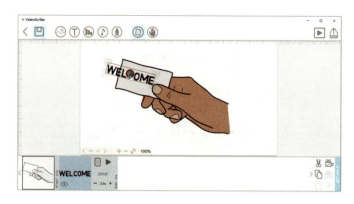

图 4-14

第 3 步：设置动画时间

在窗口底部显示了当前动画使用的角色，我们可以设置每个角色动画的各种属性，包

括动画的时间，如图 4-14 所示，文字对象【WELCOME】动画时间为 2.0s，单击【-】按钮可以加快动画的速度，单击【+】按钮可以减慢动画的速度。

第 4 步：增加配音

VideoScribe 可以使用内部库中的音乐文件或者是外部录制的 MP3 文件作为配音，也可以单击【麦克风】按钮现场录音。推荐使用专业的音频录制软件录制解说内容。提前录制的优点在于可以利用专业软件进行降噪处理。有了音频文件，我们可以根据音频文件调整各个动画的时间，实现音频和动画的同步效果。

单击工具栏上的【音符】按钮，弹出【导入音乐】对话框，单击左下角的【文件夹】按钮，导入自己录制好的 MP3 文件。

第 5 步：设置背景颜色

单击工具栏倒数第二个按钮，可以改变背景的颜色和纹理。在弹出的对话框中，左下角的调色板可以选择颜色，单击右边的【+】和【-】按钮可以选择使用不同的暗角效果，最后选择喜欢的纹理图案，打钩确认，如图 4-15 所示。

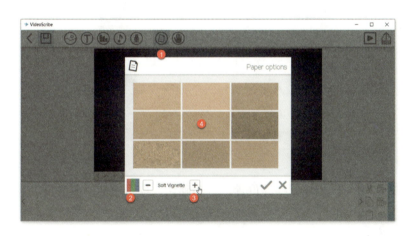

图 4-15

第 6 步：更改绘制的手或者笔

将绘制的手替换成不同肤色、不同性别的手臂；也可以不使用手臂，而只显示笔。单击工具栏最后一个按钮，这里列出了各种不同类型的绘制工具按钮，直接单击就能选择自己喜欢的工具，如图 4-16 所示。

第 7 步：生成视频

单击软件界面右上角的按钮可以生成视频，在弹出的界面中，单击左下角的【保存】按钮。在生成文件窗口中，可以设置视频文件的类型：MOV、AVI、PNG 序列图片、JPG 序列图片、WMV 文件。文件的大小一般设定为 720p 或者 1080p，如图 4-17 所示。

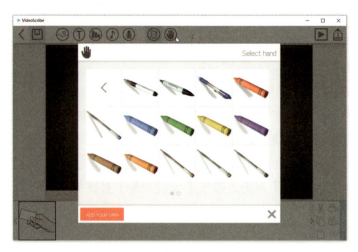

图 4-16

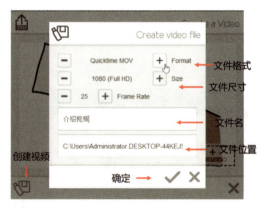

图 4-17

最后输入视频的文件名和保存的位置，打钩确认，即可获取视频文件。

如何添加中文

VideoScribe 暂不支持直接输入中文文字，不过我们可以将中文文字制作成 SVG 文件，然后通过导入图片功能导入到 VideoScribe 里面。

如何使用自定义图片制作手绘动画

很多情况下，图库里没有你需要的图片，这时我们还可以添加自定义的图片。VideoScribe 支持 SVG、GIF、BMP 等格式的图片。**推荐使用 SVG 格式的文件，因为 SVG 文件是一种矢量文件，图形放大后画质不会发生变化。** 另外，SVG 格式的图片在绘制的时候动画效果比较好，能够逐步勾勒出形状，GIF 等格式的图片则没有这样的效果。

SVG 格式文件可以使用 Inkscape 或 Adobe Illustrator 制作，在保存图片的时候，建议存储为 SVG1.0 格式。除此之外还可以使用在线的 SVG 图库。

图片出现在舞台区后,拖动鼠标将图片移动到合适的位置,同时可以通过调整图片四周的控制点,调整图片大小和位置。

接下来重要的是设置镜头的位置,这一步决定了画面中显示的内容和图像的大小。单击第一个对象【太阳】,然后单击上下左右四个按钮,控制画布中需要呈现的内容,单击【+】和【-】按钮调整镜头的远近,如图 4-18 所示。

图 4-18

确定角度合适后,单击右边的摄像机图标,确定摄像机的位置。重复上述步骤,给每个对象设置合适的镜头位置。单击【预览】按钮观看动画效果,效果满意后即可生成视频文件。

如何使用万彩手影大师制作动画

万彩手影大师是一款简单、易上手的手绘动画制作软件,可以制作以手势动画为主的创意动画视频、微课、宣传片等。丰富的动画效果可以让图片、文字、视频、图形等素材更加生动有趣。

第 1 步:运行万彩手影大师,新建项目

新建项目的方式有三种:(1)新建空白项目;(2)打开已有的工程;(3)编辑在线模板。我们单击【新建项目】按钮,在【新建向导】窗口中,选择画布的尺寸为横屏,这种模式适合电脑观看,选择模式为【自定义工程】从空白的项目开始制作动画,最后单击【完成】,如图 4-19 所示。

第 2 步:添加动画元素

手绘大师支持添加图片、图形、文字、视频和音频素材。在属性栏中,既可以设置自定义动画元素还可以了解元素基本信息,比如图层信息,时间信息,动作信息和位置信息。

图 4-19

在右侧的图片面板中，既可以从内置的素材库选择所需图片，也可以直接添加本地图片。直接单击图片，选中的图片就出现在舞台上，同时该元素出现在下面的时间轴上，如图 4-20 所示。

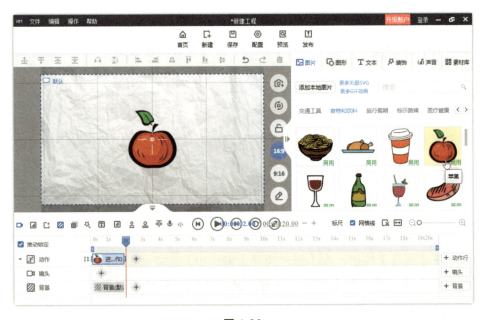

图 4-20

在舞台上选中图片对象，通过图片四周的控制点可以调整图片的大小，通过旋转按钮可以调整图片对象的角度，如图 4-21 所示。在右侧的属性面板中可以查看图片信息，调整图片透明度或替换图片等。文字、视频和音频也是以这样的方法添加到画布上。

第四章 动画的加工处理

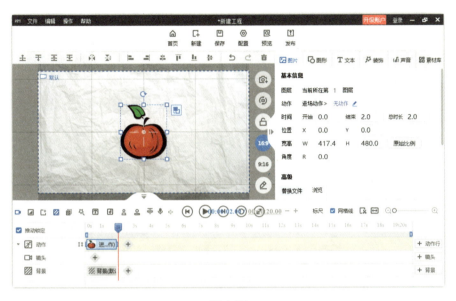

图 4-21

第 3 步：添加动画动作效果

当动画元素添加到画布后，便可在时间轴的【动作轨道】看到元素的缩略图。这时便可以开始给元素内容添加进场、退场、强调、镜头、装饰和清场等效果，如图 4-22 所示。

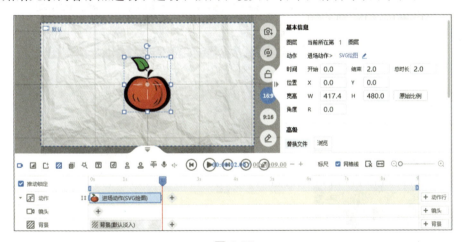

图 4-22

默认情况下，图片对象直接出现在画布上，下面设置图片进场的方式。双击时间轴【动作】轨道，给对象设置进入的方式。

这里进场的方式比较丰富，我们可以选择熟悉的手绘效果，也可以使用各种不同的手势。以我们熟悉的【SVG 手绘】为例，如图 4-23 所示，单击【手型选择】还可以选择各种不同类型的"手型"。单击【确定】按钮，然后单击工具栏上的【预览】按钮，可以观看动画效果。

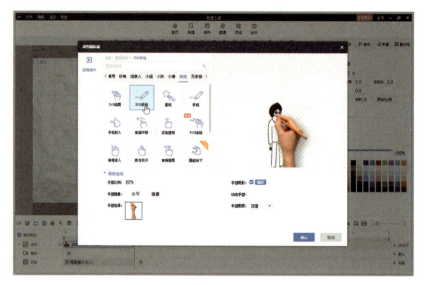

图 4-23

我们还可以增加图片的清场动作。单击【动作】轨道图片元素缩略图右侧的【+】按钮，可以继续添加清场动作或者装饰动作，选择【双手擦去】，单击【确认】按钮。如图 4-24 所示。

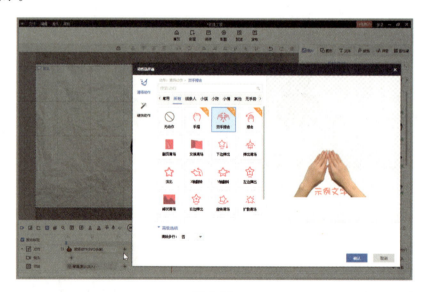

图 4-24

第 4 步：添加背景

单击【背景】轨道中的背景缩略图，可以设置背景图片，也可以单击【+】按钮增加多种不同的背景，有图片、视频和背景颜色可选。假如在素材库找不到满意的，还可以添加本地背景文件，如图 4-25 所示。

第四章 动画的加工处理　113

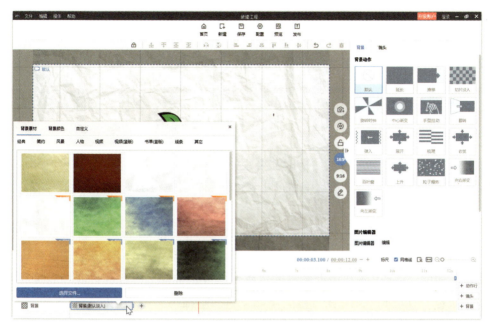

图 4-25

第 5 步：发布作品

在添加完动作、字幕、背景和音轨之后，即可发布作品。目前支持 3 种发布类型：视频、GIF 和云发布。单击工具栏上的【发布】按钮，设置发布类型为【视频发布】，单击【下一步】按钮，弹出如图 4-26 所示的设置窗口。

图 4-26

在【高级选项】中视频大小可分为四种类型，分别是 576P、720P、1080P 和自定义。这里的 576P 和 1080P 指的是视频的分辨率，分辨率越大（即 1080P > 720P > 576P），视频文件的尺寸与体积也就越大，对应的尺寸是：576P（720×576），720P（1280×720），1080P（1920×1080）。

帧频是指每秒钟放映或显示的帧或图像的数量。设置帧频就是设置动画的播放速度，帧频越大，播放越流畅，体积也越大。

设置完毕，单击【发布】按钮即可生成视频。

扫描封面上的二维码，观看使用万彩手影大师制作动画的操作过程视频。

4.2.2 制作卡通讲解动画

在制作课件或者学件的时候，有时需要录制一段讲解的动画或者视频。教师本人出镜可能不够活泼，如果能以动物或者卡通的形式讲解知识，可以提高学生的学习兴趣。

如何使用 FaceRig 制作卡通讲解动画

制作动画是一个重大的工程，往往需要一个团队才能完成。使用 FaceRig 软件可以轻松实现这个功能。FaceRig 利用摄像头采集我们的表情和嘴唇动作，以此控制屏幕中的一个个虚拟角色，这些角色有 3D 风格的浣熊、猫、巫师等，还有二次元风格的卡通角色。FaceRig 还支持用户切换背景环境以及改变自己的声音等等，最终可以生成视频文件。

第 1 步：修改语言

运行 FaceRig 软件，在启动窗口中单击左侧的【LAUNCH】按钮运行程序，程序界面默认为英文，我们来修改下语言。单击上面工具栏中最后一个工具按钮，切换到【高级用户界面】，此时右侧多了一个竖着的工具栏，单击倒数第二个【常规选项】按钮，在弹出的窗口中，进入【Language】选项卡，设置语言为【中文（简体）】，如图 4-27 所示。

图 4-27

软件默认的角色是一只浣熊，我们对着摄像头说话时，就会发现它的表情和我们完全一致，这就是我们在电脑中的替身。

第 2 步：更换角色

在【高级用户界面】下，单击右侧的第一个按钮更换角色。在出现的窗口中选择自己喜欢的角色，如图 4-28 所示。

图 4-28

第 3 步：更换背景

如图 4-29 所示，单击右侧第二个按钮，可以更改角色所处的环境。角色在舞台上的位置和大小是可以调整的，左手按住 Alt 键，右手转动鼠标滚轮可以调整镜头的远近，选择适合自己的画面。左手按住 Alt 键的同时，右手按住鼠标滚轮拖动，可以调整角色在镜头中的位置。左手按住 Alt 键的同时，右手按住鼠标左键拖动，可以旋转角色的身体角度。

图 4-29

第 4 步：改变声音

演员和舞台都布置好了，就可以开始录制内容了。如图 4-30 所示，在【基本用户界面】中，单击上面工具栏中的【录制表演并导出为视频】按钮，此时窗口左下角出现红色录制标志，你就可以开始自己录音了。单击中间的【停止录制】按钮，将开始播放录制的文件，如果你对此表示满意,单击【保存电影】按钮,将文件保存下来。

图 4-30

如果得到的视频没有收录到我们的声音,或者软件提示【没有检测到声音】,我们还需要对录音设备和回放设备重新进行配置。在【高级用户界面】下,单击右侧【常规选项】按钮,进入【设备】选项卡,选择【音频录制设备】为自己的麦克风,设置合适的回放设备,如图 4-31 所示。

图 4-31

如果你希望使用一些特殊的声音效果,让声音更加独特,单击右侧工具栏中的【声音效果】按钮,如图 4-32 所示,FaceRig 有失真、回声、颤音、Pitch Shifter 和 Robot Voice 等多种不同的声音效果。大家可以自由搭配多个效果器,调出自己喜欢的声音。

第四章　动画的加工处理　117

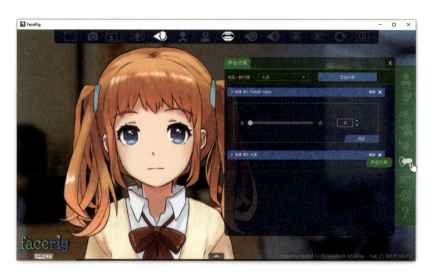

图 4-32

扫描封面上的二维码，观看使用 FaceRig 制作卡通讲解动画的操作过程视频。

如何使用万彩手影大师制作卡通讲解动画

第 1 步

运行万彩手影大师，单击时间轴上方的【显示角色行】按钮，时间轴上将增加一个【角色】轨道，如图 4-33 所示。

图 4-33

第 2 步

单击该轨道中的【+】按钮，选择解说的角色。每个角色都有数 10 种不同的姿势，站立的、坐着的等，如图 4-34 所示，选好的角色将出现在画布上。

第 3 步

下面该加入声音了。加入声音文件的方式有三种：直接录制、语音合成、导入自己的声音文件。

如图 4-35 所示，单击【声音行】按钮，增加声音轨道，单击【+】按钮可以导入自己录制好的 MP3 文件，也可以单击【录音】按钮现场录制声音。

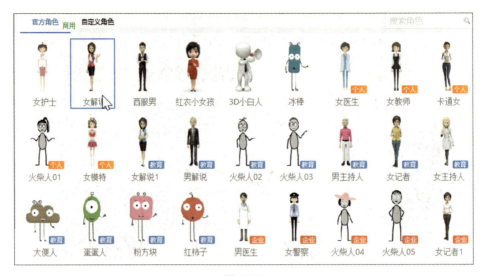

图 4-34

图 4-35

下面我们来使用语音合成功能。语音合成能将录入的文字转为声音文件，还有大量的角色库可供选择。单击工具栏上的【语音合成】按钮，在如图 4-36 所示的对话框中，输入文字内容，在右侧选择不同的角色，软件提供了阿里云角色库和科大讯飞角色库，每个角色的右下角都有个【试听】按钮，单击它可以预览声音效果。

图 4-36

单击【试听】按钮可以听到朗读的效果，满意后单击【确认】按钮，此时在声音轨道中将增加音频文件并以波形图的形式显示，如图 4-37 所示。

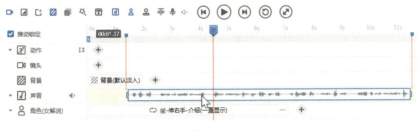

图 4-37

在声音轨道中，按住音频文件并拖动调整音频文件的位置，可以使其和角色的动作相匹配。

★ 研习任务 ★

1. FaceRig 生成的视频是什么格式的？尝试利用格式转换软件转换后插入到课件中；
2. 从自己所教学科中选择一个内容制作成角色讲述动画；
3. 从自己所教学科中选择一个内容制作成手绘动画。

4.3 制作二维动画

4.3.1 制作补间动画

Animate 软件是什么

Animate 是 Adobe 公司产品，该产品是大名鼎鼎的 Flash 软件的升级版本。

FLA 文件是在 Animate 中使用的主要文件，其中包含 Animate 文档的基本媒体、时间轴和脚本信息。媒体对象是组成 Animate 文档内容的图形、文本、声音和视频对象。时间轴用于告诉 Animate 应何时将特定媒体对象显示在舞台上。

Adobe Animate 中的时间轴用于组织和控制在一定时间内图层和帧中的文档内容。与电影胶片一样，Animate 文档也将时长划分为多个帧。图层就像堆叠在一起的多张幻灯胶片一样，每个图层都包含一个不同的图像显示在舞台中。时间轴的主要组件是图层、帧和播放头。时间轴显示文档中哪些地方有动画，包括逐帧动画、补间动画和运动路径。使用时间轴的图层部分中的控件可以隐藏、显示、锁定或解锁图层，而且能将图层内容显示为轮廓。我们可以将时间轴帧拖到同一图层中的新位置或者不同的图层。

什么是元件和图形

元件是指在 Animate 创作环境中创建的图形、按钮或影片剪辑。可在整个文档或其他文档中重复使用该元件。

图形：图形元件是一组在动画中或单一帧模式中使用的帧。动画图形元件与放置该元件的文档的时间轴联系在一起。

影片剪辑：使用影片剪辑元件可以在 Adobe Animate 中创建可复用的动画片段。影片剪辑具有各自的多帧时间轴，它们独立于影片的主时间轴。我们可以将影片剪辑看作一些嵌套在主时间轴内的小时间轴，它们可以包含交互式控件、声音甚至其他影片剪辑实例。

因为动画图形元件使用与主文档相同的时间轴，所以在文档编辑模式下显示它们的动画。相比之下，影片剪辑元件拥有自己独立的时间轴。

图形元件可用于静态图像，并可用来创建连接到主时间轴的可复用的动画片段。 交互式控件和声音在图形元件的动画序列中不起作用。由于没有时间轴，图形元件在 FLA 文件中的尺寸小于按钮或影片剪辑。

如何制作风车转动动画

第 1 步

我们先制作一个风车旋转的动画，初步理解制作动画的方法。打开【风车.fla】文件，该文件包含了两个图层，【建筑】图层是风车的主体建筑，这个部分正常不参与动画制作。为了避免后面被意外修改，我们可以将该图层锁定。

第 2 步

第二个图层是【风车】，这个部分用来制作旋转动画。我们首先需要将风车转换为元件。选中舞台上的风车，单击右键，在弹出的菜单中选择【转换为元件】。或者单击【对象】中的【▣】按钮，这里，我们可以给元件取名，并将类型设置为【图形】。然后单击【确定】按钮，如图 4-38 所示。

第 3 步

单击【风车】图层的第 240 帧，然后按住 Shift 键并单击【建筑】图层的第 240 帧，单击右键选择【插入关键帧】或单击工具栏上的【自动插入关键帧】按钮，扩展两个图层的时间轴，如图 4-39 所示。

第 4 步

在舞台上选中风车元件，确保鼠标位于 240 帧处，从【窗口】菜单中单击【变形】按钮打开变形面板，设置旋转值为 360.0°，也就是一圈，如图 4-40 所示。

第 5 步

在【风车】图层第一帧和最后一帧之间的任何位置，单击右键选择【传统补间】或在【插入】菜单中找到【传统补间】，在属性面板中设置旋转方向为【顺时针】或【逆时针】，如图 4-41 所示。

第四章 动画的加工处理

图 4-38

图 4-39

图 4-40

图 4-41

第 6 步

按住控制键+回车键,测试动画效果。我们还可以设置下舞台的背景颜色,在【属性】中打开【文档】选项卡,在【文档】中设置舞台颜色。

扫描封面上的二维码,观看制作风车转动动画的操作过程视频。

如何制作海盗船动画

第 1 步

按住 Shift 键同时选中海盗船船体和两根吊绳,单击右键选择【转换为元件】,命名为【船】,类型设置为【图形】。

第 2 步

单击【任意变形工具】按钮,选择【Ship】元件,并将【变形点】移动到旋转中心点的位置。海盗船将围绕这个点进行旋转,将鼠标移动到元件右下角边缘,待光标变成旋转光标后,拖动鼠标旋转船体。将海盗船旋转到左侧,这是动画开始的位置,如图4-42所示。

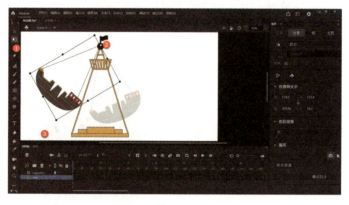

图 4-42

第 3 步

单击【Support Stray】图层的第 100 帧,然后按住 Shift 键单击【Ship】图层的第 100 帧,单击时间轴中的【插入自动关键帧】图标,这样无须手动添加关键帧。

回到第 50 帧,选择【Ship】图层,将小船向右旋转。

现在【Ship】图层有了两个帧方位,首先点击 1~50 帧之间的任意帧,单击右键选择【传统补间】。接下来,单击 51~100 帧之间的任意位置,单击右键选择【传统补间】。按控制键+回车键测试,看看动画效果。此时的动画效果比较古怪,海盗船以匀速旋转,这不符合物理规律,下面我们来解决这个问题。

第 4 步

单击【Ship】图层 1~50 帧的任意位置,然后在【属性】面板中打开【帧】选项卡,在【补间】菜单下单击【效果】按钮,选择【Ease In Out】,然后双击【Cubic】。【Cubic】效果能让动画在开始的时候慢,然后慢慢加速,到最后又慢慢减速,比较符合海盗船的运动现象,如图 4-43 所示。

图 4-43

对其他补间范围重复上述步骤，再次测试动画，至此海盗船动画效果设计完毕。

扫描封面上的二维码，观看制作海盗船动画的操作过程视频。

什么是帧频

帧频是动画播放的速率，以每秒播放的帧数（fps）为度量单位。帧频太慢会使动画看起来一顿一顿的，帧频太快会使动画的细节变得模糊。24fps 的帧速率是新 Animate 文档的默认设置，通常在 Web 上能提供最佳效果。标准的动画速率也是 24fps。

动画的复杂程度和播放动画的计算机的速率会影响播放的流畅程度。若要确定最佳帧速率，请在各种不同的计算机上测试动画。

4.3.2 制作人物动画

如何制作人物动画

单击【窗口】下的【资源】，显示【资源】菜单。在【资源】菜单中，依次打开【默认】-【静态】，找到小女孩的素材，将小女孩拖动到舞台上。如果没有显示，可以设置筛选依据为【全部】-【对象】，如图 4-44 所示。

图 4-44

此时的角色是由不同图片组成的一张图,下面我们来添加【操纵】,它可以像控制木偶一样操作角色,从而实现动画效果。双击舞台上的女孩角色,依然回到【资源】菜单,在【默认】-【静态】中,显示全部【操纵】类型,拖动【操纵】到舞台的角色上,如图 4-45 所示。

图 4-45

此时舞台上的角色显示了一个可控的框架,选择工具栏中的选取工具,移动角色各个部分可以设置角色的造型。

在第一帧确定好任务的起始造型后,到第 10 帧新建一个关键帧,利用选取工具移动角色建立一个新的姿势。在第 20 帧插入一个关键帧。下面将第 1 帧复制到第 20 帧,这样可以实现动画的无缝循环播放。在第 1 帧处单击右键,选择【复制姿势】,在第 20 帧处单击右键,选择【粘贴姿势】。单击【循环】按钮,单击【播放】按钮可以观看动画。你可以发挥自己的创意,制作出更有意思的动画。

★ 研习任务 ★

1. 制作火箭发射动画;
2. 从自己所教学科中选择一个内容制作成动画;
3. 将作品发布为 SWF 格式文件并插入到课件中。

★ 思考题

动画能使枯燥的知识变得富有趣味性,激发学生的学习兴趣,但动画也可能会取代学生的想象或者实验过程,请思考如何发挥动画的优点,并且避免那些可能因动画而带来的影响。

Chapter 05
第五章 "另类"的 PowerPoint

本章学习目标

1. 了解 PPT 的图像处理功能，能够利用 PPT 实现抠图、调色、滤镜、图层组合等操作。
2. 了解 PPT 的动画制作功能，能够利用 PPT 实现遮罩、放大镜、3D 等动画效果。
3. 了解 PPT 超级链接的功能，能够利用"超链接"和"触发"制作简单的交互动画。
4. 了解 PPT 相关插件的功能，学会安装和使用常用插件，并能够根据实际需求选择适合的插件设计幻灯片。

本章学习要点

本章 5.1 节从常见的 PS 功能入手，以图片的编辑为例，讲解 PowerPoint2019 的图像处理功能和技巧；5.2 节利用自定义动画和 3D 工具实现特殊动画效果的制作；5.3 节用巧妙的方法完成两款交互动画的制作；5.4 节从常见的几款 PPT 插件入手，拓展 PPT 的应用，为日常教学服务。

未来教师的数字化资源制作与管理

本章知识导学图

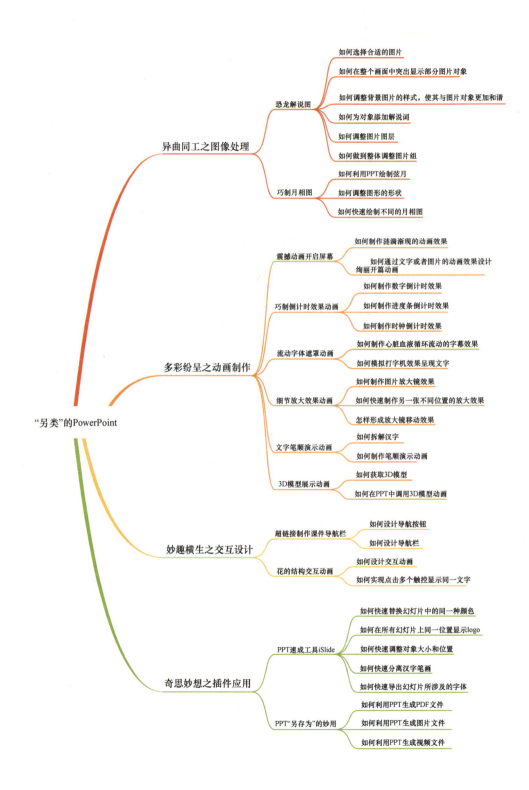

你的学习计划

学习内容		概念	实践	问题	成果
异曲同工之图像处理	恐龙解说图				
	巧制月相图				
多彩纷呈之动画制作	震撼动画开启屏幕				
	巧制倒计时效果动画				
	流动字体遮罩动画				
	细节放大效果动画				
	文字笔顺演示动画				
	3D 模型展示动画				
妙趣横生之交互设计	超链接制作课件导航栏				
	花的结构交互动画				
奇思妙想之插件应用	PPT 速成工具 iSlide				
	PPT "另存为" 的妙用				

5.1 异曲同工之图像处理

5.1.1 恐龙解说图

恐龙分为不同种类,出现于不同时期和地域,要想通过 PPT 生动呈现恐龙的相关知识,必然离不开图像的处理。

"PS"即 Photoshop,是一款经典的图片处理软件,但其专业性较强,对新手而言不能轻易上手。而今微软 PowerPoint 功能日渐全面,融合多种功能于一体,简单的图片处理工具对于 PPT 制作者来说简明易懂,操作方便。本节我们将了解 PowerPoint 处理图片的几种常用工具,并利用幻灯片制作恐龙解说图。

如何选择合适的图片

创造好的作品,选材非常重要。制作恐龙解说图,选择图片时得关注背景与恐龙风格是否统一,色调是否和谐,图片是否有利于再次编辑。

请看图 5-1,从互联网上复制而来的三张恐龙图片风格一致,但因为各自背景不能融于大背景,在丛林背景图中略显突兀,如果去掉三张恐龙图的背景,整张画面便会更加和谐。新版 PPT 的抠图功能已经不再局限于当初的"透明"设置,而是可以根据需求选择抠图的区域，对非纯色的背景也能应付自如。

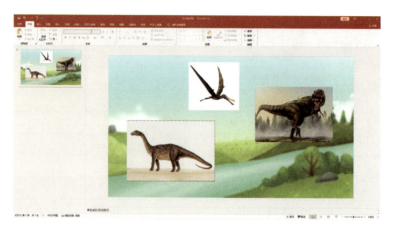

图 5-1

★ PPT 抠图步骤

第 1 步

选中需要抠图的对象，依次打开【格式】-【调整】-【删除背景】，图片对象的背景便覆盖了一片紫色区域，如图 5-2 所示，同时工具栏出现了这样的工具条 。

图 5-2

第 2 步

单击 后将鼠标移至图片上，此时鼠标指针会变成笔状图案，只需在图片上不断单击，便会勾画出需要保留的区域；单击 则勾画出不需要的区域，如撤销此次修改结果，单击 ，最后单击 即可实现图片的抠图效果，如图 5-3 所示。

图 5-3

如何在整个画面中突出显示部分图片对象

当我们对一种恐龙进行解说时,想要着重显示出这一张恐龙图,同时又不影响完整的画面感,可以通过增强画面的对比和冲突来实现。常见的方式有色彩对比、明暗对比和虚实对比。将需要突出显示的恐龙对象图以提亮或者变色的方式凸显出来,也可以让其他图片变暗、模糊或者以不同色调"隐身"。

1. 图片的锐化或柔化

(1)选中需要着重说明的图片对象,选择图片工具【格式】-【校正】。

(2)从"锐化/柔化"项选择适合的柔化或锐化效果,已有五个选项从左往右由柔化到锐化,数值分别是柔化 50%、柔化 25%、柔化 0%(即原图)、锐化 25%、锐化 50%,如图 5-4 所示。

图 5-4

2. 图片的亮度与对比度调整

对比度指的是一幅图像中明暗区域最亮的白和最暗的黑之间不同亮度层级的测量,差异范围越大代表对比度越大,差异范围越小代表对比度越小。亮度是指发光体光强与光源面积之比,定义为该光源单位的亮度。人眼所感受到的亮度是色彩反射或透射的光亮所决定的。PPT 中亮度与对比度不需要考量具体的数值,最好的方式是参考预览图,由肉眼所见的效果选择需要的程度,具体步骤如下:

(1)选中需要着重说明的图片对象,选择图片工具【格式】-【校正】。

（2）由"亮度和对比度"项可见，从上至下，对比度逐渐提高；从左到右，亮度逐步提高。参考预览图选择一个适合的程度，突出显示画面中需要突出显示的对象，如图 5-5 所示，梁龙图亮度提高，其他两张图则降低对比度，作柔化处理，梁龙便从画面中凸显出来。

图 5-5

当你对当前的预览不甚满意时，可以选择图片工具【格式】-【校正】-【图片校正选项】，通过右侧【任务窗格】自主设定清晰度、亮度/对比度设置图片格式，调整预览效果，如图 5-6 所示。

★ 3. 图片的饱和度、色调和重新着色

饱和度是指色彩的鲜艳程度，也称色彩的纯度。饱和度取决于该色中含色成分和消色成分（灰色）的比例。含色成分越大，饱和度越大；消色成分越大，饱和度越小。

色调指的是一幅画里画面色彩的总体倾向，是大的色彩效果。 在大自然中，我们经常见到这样一种现象：不同颜色的物体或被笼罩在一片金色的阳光中。这种在不同颜色的物体上，笼罩着某一种色彩，使不同颜色的物体都带有同一色彩倾向，这样的色彩现象就是色调。

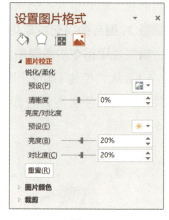

图 5-6

重新着色简单地说，就是修改图片的色彩模式，把图片的颜色倾向，变成某种特定的颜色。当我们对这些图像处理知识不是很熟悉时，利用 PPT 的快速预览效果，可以便捷选择适合的效果，具体操作如下：

（1）选中图片对象，选择【格式】-【颜色】。

（2）从饱和度、色调和重新着色的预览图中选择一个适合的程度，图片便在画面中淡化，从而突出显示主体图片，如图 5-7 所示。

图 5-7

当你对当前的预览依然不满意时,可以选择图片工具【格式】-【颜色】-【图片颜色选项】,通过右侧【任务窗格】自主设定颜色饱和度、色调或者重新着色设置图片格式,调整预览效果,如图 5-8 所示。

图 5-8

如何调整背景图片的样式,使其与图片对象更加和谐

图片的艺术处理形式多样,PPT 图片可以生成类似油画、水彩、版画、模糊、旋涡等艺术效果。

★ 选择图片的默认艺术效果

第 1 步

选中背景图片,选择【格式】-【艺术效果】,可预览当前所选对象的各种艺术效果。

第 2 步

从艺术效果预览图中选择一个适合的效果,如选择第 1 行 4 列的铅笔素描,便可直接弱化背景,突出显示主体对象,如图 5-9 所示。

图 5-9

现在看来，PPT 的"艺术效果"和"颜色"两个工具是否与 PS 有异曲同工之妙呢？再试一试，你可以发现更多图片艺术效果。

如何为对象添加解说词

现在，让我们来为"梁龙"添加一些介绍文字吧！文字与图片融为一体，如图 5-10 所示，易造成视觉疲劳，如何突出显示文字，让读者一目了然呢？

图 5-10

方法一

选择【插入】-【形状】-【矩形】绘制一个矩形，选中该矩形，选择绘图工具【格式】-【形状样式】选择一个主题样式，或者利用 形状填充 设置颜色，如图 5-11 所示，双击矩形进入文字编辑状态，输入文字，调整至适合的大小便可。

方法二

选择【插入】-【文本】-【文本框】绘制一个文本框，选中该文本框，设置 形状轮廓 和 形状填充 ，双击文本框进入文字编辑状态，输入文字，调整至适合的大小。

第五章 "另类"的 PowerPoint 133

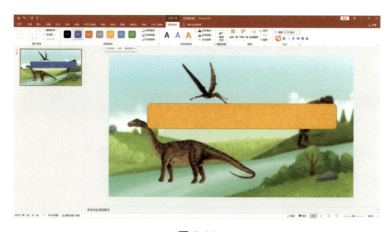

图 5-11

方法三

采取图形和文本框相结合的方式，可以调整图形中排版文字的效果，美化文本框的边框。先绘制一个圆角矩形，设计【形状样式】后再绘制一个文本框，将文本框的【形状轮廓】和【形状填充】均设为透明，在文本框中输入文字，此时我们便可以随心所欲地调整文本框的大小和位置，不再受边距的限制了，如图 5-12 所示。

图 5-12

如何调整图片图层

当同一页幻灯片中拥有多个对象时，有时彼此会相互遮挡。如前面所选择的三个恐龙图虽然做了抠图处理，原有背景已经透明，三张图难免会有重叠的区域，导致有的图无论如何都无法被选中，你是否也在 PPT 制作时遇到这样的问题呢？

幻灯片上的图片、文本框、视频等处在不同的图层。通俗地讲，**图层就像是含有文字或图形等元素的胶片，按顺序一张张叠放在一起，组合起来形成页面的最终效果**。打个比方说，将一张张透明的玻璃纸叠起来，透过上面的玻璃纸可以看见下面纸上的内容，在上一层上无论如何涂画都不会影响到下面玻璃纸的内容,而上面一层会遮挡住下面的内容。同时,我们也可以将下面的玻璃纸抽出来作为最上面一层,通过移动各层玻璃纸的位置或者添加更多的玻璃纸即可改变合成效果。

★ 改变图层的方法

方法一

选中对象,选择图片工具【格式】-【排列】,单击 , 将图层上移一层或者下移一层,适时可以观察一下幻灯片中对象的变化。

方法二

若要将所选对象置于所有图层的最下面或上面,则可以点击下拉按钮 ,选择 置于顶层(R)或是 置于底层(K)。

图层变化如图 5-13 所示,你看出来哪个对象被置于最上面一层了吗?

图 5-13

📋 如何做到整体调整图片组

同一页幻灯片中拥有多个对象,需要做调整时,选择一个对象一个对象地调整,通常会耗费较多时间。而且在编辑时经常会出错,如果将同一类对象一同编辑就方便多了。

"恐龙解说图"就可以将恐龙图片和文字说明组合,编辑时只需要拖动"梁龙"图片,相应的文字也会随之而动。

★ PPT 多个图层组合步骤

第 1 步

选中所有需要组合的图形。

第 2 步

选择【格式】-【排列】-【组合】,所选图层便组合成一体。任意拖动一个对象便可改变这一组对象的位置。

★ 问题 ★

无法同时选中所有想要选中的图层怎么办？

方法一
拖动鼠标，将所有图形置于虚线框内，即可选中所有图形。

方法二
摁住 Shift 键的同时，逐个选中对象可以将几个图形同时选中。

★ 研习任务 ★

请用你所掌握的技巧来完成其他恐龙的解说幻灯片吧。

5.1.2 巧制月相图

月有阴晴圆缺，随着月亮每天在星空中自东向西移动，我们看到它的形状也在不断变化着，这就是月亮位相变化，叫作月相，如图 5-14 所示。对于不断变化形状的弦月，除了从文件外调入图片素材外，我们用 PPT 也可以巧妙绘制。PPT 本身具有图形绘制和编辑功能，可以绘制各种各样的图形，图形可以选用既有的简易自定义图形，也可以自己动手绘制需要的图案。

图 5-14

📝 **如何利用 PPT 绘制弦月**

单击【插入】选项卡，我们可以从【插图】功能区找到【形状】和【图标】两种绘图工具，"形状"能绘制各种形状的几何图形，如矩形、圆形、箭头组等；"图标"则汇集了各种生活中的物品图案。绘制弦月，我们可以选择"基本形状"中的系统自带图形"弦月"绘制，并且拖动编辑点来调节图形的形状。

★ 绘制弦月步骤

第 1 步

选择【插入】-【插图】-【形状】-【基本形状】-【弦形】，在换灯片页面拖动绘制出一个弦形。此时，图形四周出现几个编辑点，如图 5-15 所示。

第 2 步

拖动 8 个小白点当中的任意一个可以调节图形大小，拖动两个黄点则可以改变弦形的弧度。

基本形状中的图形，每一个含有黄色编辑点的形状都可以通过拖动它调整图形相应的参数，每个图形的编辑点都有其各自不同的作用，我们可以动手尝试绘制并编辑多个图形，去发现其各自独特之处。

图 5-15

如何调整图形的形状

在很多时候，通过改变图形的大小和弧度，还不足以满足需求，我们可以利用图形的各个编辑顶点加以调整，或者绘制自由曲线，来获取所需图形。

★ 编辑基本图形

第 1 步

选中图形，在图形上单击右键选择快捷菜单中的【编辑顶点】，进入编辑状态，如图 5-16 所示，拖动黑色编辑点■能够移动黑点位置，从而改变图形形状；移动白色□，则可以改变曲线弯曲度和弯曲方向。

第 2 步

将鼠标移动到图形边缘线处单击右键，选择【添加顶点】，生成更多编辑顶点，顶点越多，图形编辑的精确度越高。

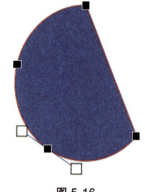

图 5-16

> 📁 **技巧收藏夹**
>
> **Alt 键**：移动白色□改变图形弧度，按住 Alt 键，移动白色□，则以改点为顶点形成角度。
>
> **Ctrl 键**：选择图形按住 Ctrl 键拖动图形，可以直接复制另一个图形。
>
> **Shift 键**：画图形时同时按住 Shift 键会画出正方形、等边三角形、直线、正圆等正图形。

如何快速绘制不同的月相图

月相图的变化是有规律的，利用 PPT 将两个圆以不同的方式合并，然后对这些图形进行组合和拆分，进而得到想要的月相图形。"合并形状"主要包括五种方式：联合、组合、拆分、相交、剪除，如图 5-17 所示。

图 5-17

联合就是将两个图像变成一个，颜色取左边、上边的色彩；组合即是将两个图像的交集部分剪去，留下剩下的部分，颜色取顶层图形的色彩；拆分是将图形重合部分也单独分成一个部分，这里便形成了三个部分；相交则是只留下几个图形相交的部分；剪除即是在首先选中的图上剪掉重合的部分。

★ 合并形状的步骤

第 1 步

绘制需要合并的两个或者几个图形，按住 Shift 键，选中多个图形。

第 2 步

选择【格式】-【插入形状】-【合并形状】-【组合】（或其他效果）。

★ 思考与实践

如图 5-18 所示，画两个圆，利用"合并形状"功能的哪种方式可以绘制出残月图呢？

图 5-18

📁 技巧收藏夹

1. 为了让月亮更加逼真漂亮，可以设计柔滑边缘的效果：选中图形，选择【格式】-【形状样式】-【形状效果】-【柔滑边缘】，实现柔滑变体，如图 5-19 所示。

2. 角度不合适的图形，可拖动 🔄 旋转图形，直至达到要求。

3. 为了让月亮更加具有立体感，可以利用图形渐变色稍作修饰：选择【格式】-【形状样式】-【形状填充】-【渐变】，设计合适的渐变色实现图形的渐变变体。

图 5-19

★ 研习任务 ★

利用"合并形状"和图层组合功能绘制月相变化图,如图 5-20 所示。

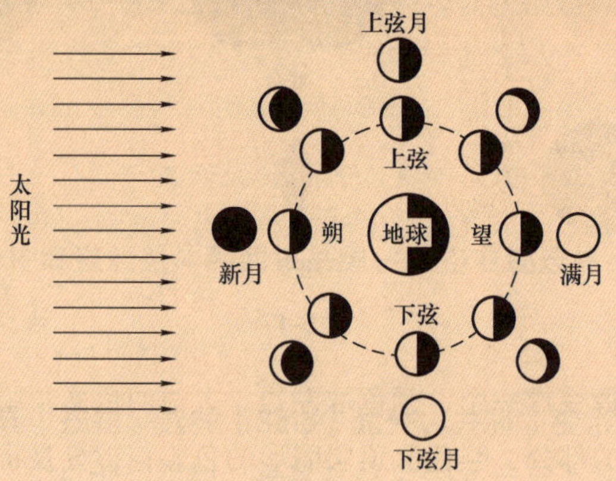

图 5-20

5.2 多彩纷呈之动画制作

5.2.1 震撼动画开启屏幕

好的开始是成功的一半,炫酷的开场动画可以迅速吸引观众的眼球。根据不同的幻灯片主题,我们选择契合的开篇方式可以让作品更具韵味。如图 5-21 所示,"书法"标题页以涟漪渐现的效果呈现,主题设计庄重且具有古韵风味;如图 5-22 所示,"扬帆起航,再创辉煌",帆船逐渐显现,标题凸显,以图片和文字的动画效果冲击视觉。

图 5-21

第五章 "另类"的 PowerPoint　139

图 5-22

如何制作涟漪渐现的动画效果

PowerPoint 的页面切换动画效果选择多样，许多动画可以模拟视频动画效果，有【细微】动画效果，也有【华丽】动画效果。【涟漪】效果即是 PPT 自带的华丽款动画滤镜，如图 5-23 所示。

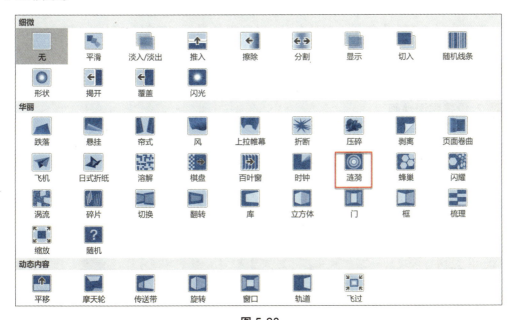

图 5-23

★ 设置幻灯片效果

第 1 步

选中幻灯片，选择【切换】选项卡，单击【扩展】按钮，可见全部幻灯片切换效果。

第 2 步

选择"涟漪"效果，完成该页幻灯片设置。

如何通过文字或者图片的动画效果设计绚丽开篇动画

幻灯片切换效果是比较便捷的页面动画效果设计方法,而文字和图片的动画效果则拥有更多动画设置方法。选择【动画】选项卡,单击【扩展】按钮,可见全部动画效果,包括"进入""强调""退出"和"路径"四种方式。

"进入"是指通过动画方式让新的对象进入页面;"强调"是指对象本就存在,此时通过动画设置让对象发生某种视觉变化,起到强调突出的作用;"退出"是指已经进入的对象从页面消失的动画方式;"路径"是指本就存在的对象沿着绘制的路线移动的动画方式。

★ 1. 设置进入动画

第 1 步

选中图片"帆船",单击【动画】选项卡,单击【扩展】按钮,可见多样动画效果,选择【进入】-【缩放】,完成图片在屏幕中央逐渐放大进入的动画效果设置。

第 2 步

选择"帆船",单击 ,弹出 对象中心(B) 和 幻灯片中心(L) 两种缩放效果,"对象中心"是由小变大的动画效果,而"幻灯片中心"则是由大变小的动画效果,是由外而内的动画效果。选择【对象中心】效果,此时在幻灯片播放效果下"帆船"将从无到有,由远及近逐渐出现。

现在,你可以单击【动画】选项卡,单击【预览】按钮,观赏帆船出现的动画效果。

★ 2. 设置强调动画

第 1 步

选中图片"帆船",单击【动画】选项卡,选择【高级动画】-【添加动画】。

第 2 步

选择【强调】-【彩色脉冲】,完成"帆船"快速闪动的动画效果。

> **问题 1　为什么设置两次动画的选择工具不一样**
>
> 为什么帆船出现的动画直接选择【动画】即可,而【强调】则必须要通过【高级动画】-【添加动画】来实现?如果你在制作第二个强调效果时,直接单击【动画】内的效果,那么你原来的动画将被当前的动画覆盖掉,也就是说,你做了两次动画效果,只有最后一次生效,其他动画效果已经被替换了。
>
> **问题 2　如何调整已经完成的动画效果**
>
> 选中对象,单击【动画】选项卡,选择【高级动画】-【动画窗格】,便会弹出任务窗格,如图 5-24 所示。单击选中这些动画,便可以对相应的动画效果进行调整。
>
> **问题 3　如何在不需要单击的情况下让几个动画自动播放**
>
> 动画的自动播放,需要对动画的开始方式进行调整。首先在"动画窗格"选择顺序动画,单击【动画】选项卡,选择【计时】-【开始】,对 开始: 单击时 进行编辑,开始

方式包括三种:"单击时",是上一个动画播完一直等待,直至单击鼠标时,播放该动画;"与上一动画同时"是指该动画不需要鼠标操作,与前一顺序的动画同时播放,"上一动画之后"是指该动画也不需要鼠标操作,在前一顺序动画播放后自动播放。

图 5-24

★ 3. 设置路径动画

第 1 步

选中"帆船"图,单击 【动画】选项卡,选择【高级动画】-【添加动画】。

第 2 步

选择【路径】-【直线】,此时图上会出现路径,起点和终点清晰可见。此时,拖动起点和终点可以分别任意改变起点和终点的位置,以及动画的距离,如图 5-25 所示。

第 3 步

单击【动画】选项卡,选择【高级动画】-【预览】,观赏帆船的一系列动画效果。

图 5-25

问题 1 可以改变动画路径的方向吗

单击【效果选项】重新设置路径的方向,如图 5-26 所示。运动方向可设置为向【下】、靠【左】、靠【右】、向【上】四种方式,选择【路径】直接  快速设置反方向效果。

图 5-26

> **问题 2　除了直线型，还可以设计其他线型路径吗**
>
> 如图 5-27 所示，由【动画】功能区可见动画的线型还包括"弧形""转弯""形状""循环"，以及"自定义路径"，其中"自定义路径"是指自由绘制线型作为动画路径。
>
>
>
> 图 5-27

★ 4. 设置退出动画

第 1 步

选中图片"帆船"，单击【动画】选项卡，选择【高级动画】-【添加动画】。

第 2 步

选择【退出】-【浮出】，完成"帆船"缓慢消失于视野的动画效果。

现在，试试单击【预览】按钮查看本页幻灯片的动画效果吧！

> **📁 技巧收藏夹**
>
> 1. 文字编辑有格式刷，动画设置同样有动画刷。选中对象，单击【动画】选项卡，选择【高级动画】-【动画刷】，鼠标图标变为 🖌，继而被点击的对象便可复制动画。
>
> 2. 动画路径是由各种线条构成的，路径也同图形一样可以通过编辑点修改线型。选择路径，单击右键选择快捷菜单的【编辑顶点】按钮，此时便可以根据需要修改路径。

5.2.2　巧制倒计时效果动画

倒计时效果的应用广泛，但是大家通常都惧于编写代码，总是想尽办法寻找插件，而 PPT 不用写代码，甚至无需用插件，就可以轻松制作各种倒计时效果。

📄 如何制作数字倒计时效果

数字倒计时通常将数字以 5，4，3……的顺序逐个显示，我们可以用数字制作成五张幻灯片，通过切换幻灯片实现动画效果，具体步骤如下：

第 1 步

将幻灯片背景色设置为黑色。单击【设计】选项卡，选择【自定义】功能区的【设置背景格式】，弹出【任务窗格】。

第 2 步

单击【纯色填充】，设置【颜色】为黑色，如图 5-28 所示。

第 3 步

在幻灯片中央绘制形状"空心圆",并添加文字"5",复制幻灯片,并且逐一修改文本为 4,3,2,1,如图 5-29 所示。

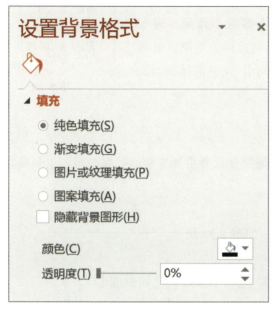

图 5-28

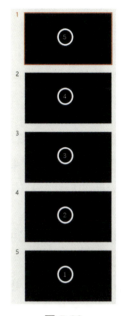

图 5-29

第 4 步

选中所有换灯片,选择【切换】—【计时】,如图 5-30 所示,选择【声音】为"电压",【持续时间】为 00.25,【设置自动换片时间】为 1s。

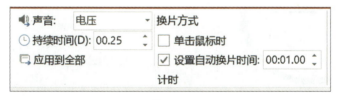

图 5-30

第 5 步

单击【幻灯片放映】选项卡,选择 ,便可以看到倒计时的动画效果了。

如何制作进度条倒计时效果

进度条倒计时通常根据时间让进度条逐渐消失,相较于数字变化,进度条倒计时更加便捷。具体步骤如下:

第 1 步

在幻灯片上绘制一个长方形,颜色根据色彩搭配的需求自选便可,如图 5-31 所示。

图 5-31

第 2 步

选中长方形，设置【退出】动画为【擦除】效果，设置【动画效果】为【自右侧】，此时预览已经初现快速效果。继而根据倒计时的具体时间设置动画【持续时间】，这里选择 30.00，如图 5-32 所示。

图 5-32

如何制作时钟倒计时效果

时钟倒计时的计时效果相较于进度条能够让读者更加准确地把握时间，主要需要解决的问题是旋转的指针。具体步骤如下：

第 1 步

在幻灯片上绘制一个钟盘和一根指针，如图 5-33 所示。

第 2 步

选中指针图形对象，单击【添加动画】，选择【强调】-【陀螺旋】。

第 3 步

根据倒计时的具体时间设置动画【持续时间】，这里选择 30.00，如图 5-34 所示。

图 5-33

图 5-34

第 4 步

播放幻灯片，如果发现"陀螺旋"的旋转中心在指针的中央，效果与我们设计有所出入。此时可以绘制长度为钟盘直径的透明指针，再把指针调整至合适的位置，将时钟指针与透明指针组合。重新制作"陀螺旋"动画，便可成功设置 30s 倒计时。

5.2.3 流动字体遮罩动画

霓虹灯的流动美让夜晚的城市灵动，PPT 的文字动画可否产生这样的流动效果呢？文字动画不仅仅是专业的动画制作软件或者视频软件的专利，PPT 也能实现精彩的流动效果。

如何制作心脏血液循环流动的字幕效果

如图 5-35 所示,"心脏和血液循环"的 PPT 标题,红色代表动脉,蓝色代表静脉,以蓝红渐变色不断流动,如同血液在流动,与该 PPT 主题内容尤为贴合。

图 5-35

PPT 制作文字遮罩动画步骤:

第 1 步

插入一个与幻灯片同宽的矩形,填充色与幻灯片页面背景同色,或者插入一张图片铺满幻灯片。

第 2 步

插入文本框,输入文字"心脏和血液循环"。

第 3 步

按住 Shift 键,先选中矩形,再选中文字,最后选择【格式】-【合并形状】-【剪除】,文字在矩形中形成镂空效果。

第 4 步

插入图形,以蓝红渐变色为填充色,设置左右路径动画,根据镂空字的宽度调整路径动画开始和结束的位置。

第 5 步

选中过渡色图形,并选择【置于底层】按钮,如图 5-36 所示。

图 5-36

第 6 步

单击【动画窗格】按钮,在动画窗格中找到该动画效果,单击选中,单击右侧【向下】按钮,在弹出的下拉菜单中选择【计时】选项,将【重复】选项设为【直到下一次单击】,如图 5-37 所示。

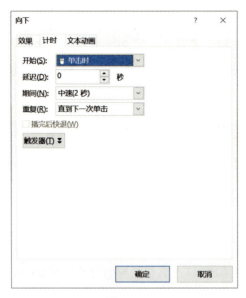

图 5-37

播放动画，观赏"心脏和血液循环"不断流动的字幕效果。思考一下，该动画设计方法还可以应用在哪些方面？

如何模拟打字机效果呈现文字

打字机的文字呈现动画效果就是模拟键盘输入，观看时给人的感觉如同每输入一个文字，屏幕上就出现一个文字。还可以配上打字声音，使打字的动画效果更逼真。接下来简要介绍一下如何实现打字动画效果。

第1步

插入横排文本框，输入想要显示的内容。

第2步

选中文本框，进入【动画】选项卡，选择【添加动画】-【进入】的"出现"效果。

第3步

设置完成后，单击【动画窗格】，弹出相应的窗口。在【动画窗格】窗口中，单击【出现】按钮，在弹出的下拉菜单中选择【效果】选项卡，如图 5-38 所示，将【声音】设置为"打字机"，【设置文本动画】为"按字母顺序"，【字母之间延迟秒数】为 0.2，最后单击【确定】完成设置。

文字或者图片显示的效果可以有许多种，我们不妨在实践的过程中，多加尝试，一定会有更多意想不到的收获！

图 5-38

5.2.4 细节放大效果动画

灿烂盛开的小雏菊，雪白的花瓣中探出一抹橙黄，如何透过放大镜仔细观察雏菊的花蕊呢？这里用 PPT 的图片编辑工具图片观察区域放大处理，制作出放大镜效果，如图 5-39 所示。

图 5-39

如何制作图片放大镜效果

第 1 步

在幻灯片中插入雏菊图片，再次复制粘贴该图片，选中上一层的图片并放大，注意保持图片的比例不变，不能变形。

第 2 步

单击【格式】选项卡，选择【大小】-【裁剪】，如图 5-40 所示，选择【圆形】将图片裁剪成与放大镜片相仿的样子。

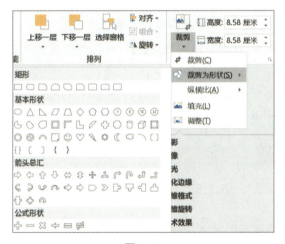

图 5-40

第 3 步

从互联网上下载一张放大镜图片，插入幻灯片，将放大镜的图层下移至第 2 步图片的下一层，并调整至合适的大小。

第 4 步

组合圆形裁剪图和放大镜，便形成了透过放大镜观察花蕊的效果。

如何快速制作另一张不同位置的放大效果

第 1 步

将此前一张幻灯片复制出另一张相同的幻灯片。

第 2 步

在新幻灯片中选中放大的图片，再次单击菜单栏【图片工具】的【裁剪】，图片进入编辑状态，如图 5-41 所示。将鼠标移动至图片上方，鼠标指针变成 ✥，便可拖动图片改变位置。最后单击空白区域，退出裁剪编辑状态。

图 5-41

怎样形成放大镜移动效果

第 1 步

同时选中两张幻灯片，设置幻灯片切换效果为【平滑】。

第 2 步

播放幻灯片，此时放大镜形成由一处花蕊移动到另一处的效果。

> 📁 技巧收藏夹
>
> 1. 裁剪图片时，图片的编辑点有多种样式，拖动黑色的编辑线 ⌐，可改变裁剪区域的大小；拖动编辑点 ●，可任意改变裁剪对象的大小。
>
> 2. 选中图片，按住 Shift 键的同时拖动 ●，可在改变图片大小的同时，不改变图片比例。
>
> 3. 幻灯片编辑过程中，按住 Shift 键可以同时选中幻灯片上的多个对象。
>
> 4. 需要微调幻灯片中任一对象的位置时，可以选中该对象后，按住 Ctrl 键的同时按方向控制键。

5.2.5　文字笔顺演示动画

语文老师经常因为笔画的书写演示伤透脑筋，尽管有一些软件可以直接调用笔顺书写顺序，但是并不能着重突出某一个笔画的结构和书写顺序，而 PPT 则可以对汉字的笔画进行拆卸，继而对各个笔画单独演示。本小节以"学"字为例，讲解汉字笔画的拆解动画制作。

如何拆解汉字

第 1 步

在 PPT 幻灯片中插入一个文本框，在文本框中输入"学"字，并将"学"的字号设置为 100，复制"学"字。

第 2 步

绘制一个与"学"所占位置大小相近的矩形，并将矩形置于第二层，在上一层"学"的下面，如图 5-42 所示。

图 5-42

第 3 步

同时选中文本框和矩形,选择【合并形状】-【拆分】,通过布尔运算拆分笔画,此时可以分别拖动矩形框和部分笔画,并将没有用的区域删除,如图 5-43 所示。

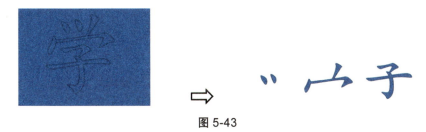

图 5-43

第 4 步

凵部分需要继续拆分,按照上面的方法绘制一个任意多边形,如图 5-44 所示,将丿和下面的一隔开,依然选择【合并形状】-【拆分】,移开丿,拖动废弃的多边形区域并删除。

第 5 步

对于子,依然可以分解,方法同上,如图 5-45 所示,拆分出一。

图 5-44　　　　　　　　　　图 5-45

第 6 步

将剩下的丁复制两次,分别绘制多边形进行拆分,如图 5-46 所示。

图 5-46

第 7 步

最终形成单个的笔画:丷冖乛丨一。

如何制作笔顺演示动画

第 1 步

将拆分的笔画拖动重新组合成完整的"学",选中所有笔画,选择【绘图工具】-【格式】-【形状填充】,设为红色,并拖动置于原"学"字上方,如图 5-47 所示。

第 2 步

对每一个红色笔画进行动画设置,选择【动画】-【擦除】,按照笔画的书写顺序,选择【效果选项】:"自顶部""自底部""自左侧""自右侧"。

第 3 步

预览动画,按序播放"学"的每一个笔画顺序。

扫描封面上的二维码,观看文字笔顺演示动画的操作过程视频。

图 5-47

> 📁 **技巧收藏夹**
>
> 1. 除了按住 Shift 选择多个对象外,拖动鼠标绘出虚线矩形选框也可同时选中多个对象。
>
> 2. 拆分笔画前所绘制的图形只要能将字的笔画隔开,绘制任意图形均可。

5.2.6　3D 模型展示动画

在日常教学过程中,我们经常会想到用三维动画来重现场景,或者分析对象。专业的 3D 建模软件功能强大,上手却并非易事,大家经常望而生畏。而今新版 PowerPoint 既可以设计二维图形,也可以调用 3D 模型。

如何获取 3D 模型

PPT 可以调用 3D 模型,但是它本身并不可以生成 3D 模型,所用模型必须通过其他途径获取。

★ 方法一

利用"3D 绘图"软件绘制简单三维模型。3D 绘图是 Windows 系统自带程序软件,可以绘制生成简单的 3D 模型。

第 1 步

打开"3D 绘图"软件,单击选择 3D 选项卡,从右侧面板选择一种自己需要的 3D 绘图方式,如图 5-48 所示。这里以"3D 对象"中的正方体为例。

第 2 步

在画图区绘制正方体,如图 5-49 所示,图形选中状态,四周出现了四个不同的控制点,拖动时分别可以使图形绕 X 轴、Y 轴、Z 轴旋转或者前后滑动。

第 3 步

选择【菜单】-【另存为】-【3D 模型】,命名"正方体"并保存,

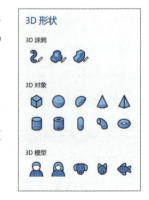

图 5-48

默认文件保存类型为 glb。

第 4 步

打开 PPT，选择【插入】-【3D 模型】，打开"正方体"，3D 模型便插入到幻灯片区域。

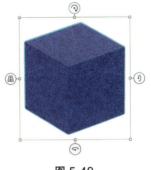

图 5-49

⭐ **方法二**

利用"3D 查看器"调用 3D 资源库。3D 查看器可以用来查看 3D 模型，能通过修改模型角度、阴影等方面创建炫酷 3D 模型。同时还可以查看 3D 资源库中丰富的 3D 图形。

第 1 步

打开"3D 查看器"，单击【确定】按钮进入 3D 图形查看界面。

第 2 步

单击右上角 3D资源库 弹出对话框，查看 3D 模型资源库种类。

第 3 步

选择需要的模型对象，查看 3D 模型，通过 动画1 ^ 转盘 ^ ×1.0 ^ 三个选项选择动画类型和速度。

第 4 步

选择【文件】-【另存为】，储存 3D 模型，便可在 PPT 中调用该模型。

⭐ **方法三**

获取网络资源，下载 3D 模型，以 Free3D 网站为例。Free3D 网站是一个免费 3D 模型下载网站。

第 1 步

登录网站 https://free3d.com，如图 5-50 所示，搜索关键字"spider（蜘蛛）"，可以搜索到各种各样的蜘蛛模型。该网站的资源有不少是需要付费的，如果想选用免费版，单击【创建免费帐户】即可。

图 5-50

第 2 步

打开模型链接预览模型，如图 5-51 所示，单击【下载】按钮下载该 3D 模型压缩包，解压缩后的文件便可导入 PPT 幻灯片。

图 5-51

如何在 PPT 中调用 3D 模型动画

3D 模型有的是静态模型图，有的是模型动画，导入幻灯片后依然可以根据具体的需求进行模型设计和动画设置。

第 1 步

在幻灯片中插入 3D 模型，与编辑图片一样，可以通过控制点调整模型大小，利用改变模型方向，如图 5-52 所示，拖动模型中央的翻滚模型视角，根据具体展示的需求选择俯视或仰视的程度。

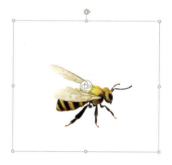

图 5-52

第 2 步

选择【3D 模型工具】选项卡，可以从【3D 模型视图】快速选择 3D 模型的视角，如图 5-53 所示。

图 5-53

第 3 步

选择【播放 3D】，单击查看预设的模型动画，单击则可以查看该模型拥有的所有场景，并选择适合的动画场景。

第 4 步

选择【动画】选项卡，会发现动画功能区增加了一些动画模式，不仅可以直接选择动画场景，还可以选择【进入】【转盘】【摇摆】【跳转】【退出】的三维动画，如图 5-54 所示。

图 5-54

第 5 步

选中 3D 模型，选择"转盘"动画效果，单击 ，从【方向】【份量】【旋转轴】几个方面设计三维动画，如图 5-55 所示。

现在可以预览动画效果，观看蜜蜂 3D 模型演示动画了。

扫描封面上的二维码，观看获取 3D 及展示的操作过程视频。

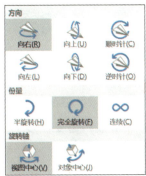

图 5-55

★ 研习任务 ★

1. 以"科学与自然"为主题设计一张独特的动感十足的 PPT 封面。
2. 自主选择一个汉字，制作汉字的笔顺动画。
3. 尝试通过多种途径查找和编辑 3D 模型。

5.3 妙趣横生之交互设计

5.3.1 超链接制作课件导航栏

幻灯片的播放一般是切换到下一页，幻灯片之间的内容想要任意切换必须要逐个设计超链接。如果幻灯片播放时也能够像网站一样设计一个导航栏，方便交互选择页面该怎么设计才便捷呢？

如何设计导航按钮

导航栏是指位于页面顶部或者侧边区域的，在页眉横幅图片上边或下边的一排水平导航按钮，它起着链接站点或者软件内的各个页面的作用。导航栏的设计风格须统一，方法如下：

第 1 步

选择一个按钮图片导入幻灯片，以一个文本框覆盖其上，输入按钮名称，组合图片和文本框。

第 2 步

多次复制按钮，并按照需求修改文本框内容，如图 5-56 所示。

图 5-56

如何设计导航栏

导航栏需要在多个页面显示,运用复制与粘贴的方法可以实现,但是并不方便,此时我们可以利用"幻灯片母版设计",使导航栏可以用于任何一页,即使后期文本框内容有所变动,也只需在幻灯片母版中修改一次,就能适用于全部幻灯片。

第 1 步

Ctrl+A 复制幻灯片的全部对象,选择【视图】选项卡,单击【模板视图】功能区的【　】按钮,打开幻灯片母版编辑模式,将复制好的对象素材及其样式粘贴到母版幻灯片。

第 2 步

选中【课程介绍】按钮,单击右键选择快捷菜单【插入超链接】,弹出对话框,如图 5-57 所示,选择【本文档中的位置】,链接到对应的幻灯片,以同样的方法设计剩下三个按钮的超链接。

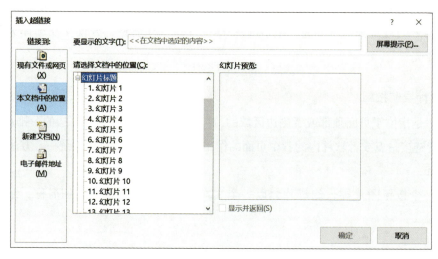

图 5-57

第 3 步

单击功能区【 】按钮,退出幻灯片母版模式。从左侧幻灯片浏览区选中一张幻灯片,单击右键选择快捷菜单"版式",从弹出菜单"Office 主题"中可以看到刚刚设计的版式,选中该版式,幻灯片背景便沿用了该版式的格式,也包括超链接的设置,如图 5-58 所示。

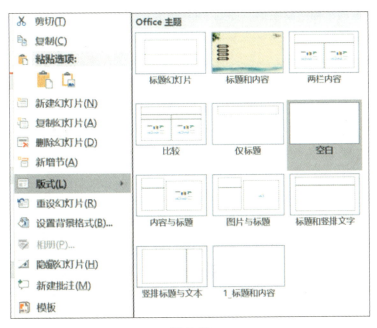

图 5-58

> 技巧收藏夹
>
> 1. 选择组合图形无法设置超链接,必须要单独选中图片、文本框等对象才能够设置超链接。
>
> 2. 对多个幻灯片设置相同版式,可以按住 Ctrl 键的同时选中多个幻灯片,右键单击设置版式即可。

5.3.2 花的结构交互动画

静态示意图我们随处可见,动态交互示意图如何实现呢?PPT 的触发器动画可以帮助我们制作交互动画,现在就让我们来制作动画吧。

如何设计交互动画

第 1 步

在幻灯片导入一张花的结构图,插入文本框,输入文字"花瓣""雄蕊""雌蕊"等,如图 5-59 所示。

第 2 步

为文本框分别制作"出现"和"消失"两个动画效果。

第 3 步

以花图为参照绘制任意多边形,单击【形状】选项卡,选择【插图】-【形状】-【线条】-【任意多边形】,拖动鼠标绘制图形,如图 5-60 所示。

图 5-59　　　　　　　　　　　　图 5-60

第 4 步

打开【动画窗格】,分别选中动画"出现"和"消失",单击【高级动画】功能区的【⚡触发】按钮,选择【通过单击】中刚刚绘制的【任意多边形:形状 1】,如图 5-61 所示。

第 5 步

单击【幻灯片播放】选项卡的【播放当前幻灯片开始】按钮,单击【任意多边形】,"雌蕊"出现,再次单击【任意多边形】,"雌蕊"消失。

第 6 步

为了让"任意多边形"不会遮挡原图,需要对其进行透明设置。选中"任意多边形",将其"形状轮廓"设为"无轮廓","形状填充"设为"其他填充颜色",出现对话框如图 5-62 所示,将【透明度】调为 0%,此时"任意多边形"已经看不见。

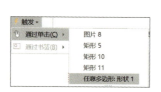

图 5-61

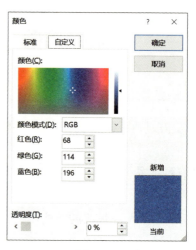

图 5-62

第五章 "另类"的PowerPoint   157

📁 **技巧收藏夹**

隐形的"任意多边形"不见了，播放动画时如何找到这片区域呢？单击【插入】选项卡，选择【链接】下的【动作】，弹出【操作设置】对话框，如图5-63所示。选择【鼠标悬停】选项，勾选【鼠标移过时突出显示】。再次播放动画，此时鼠标移动到"任意多边形"上方时，便会提亮显示"虚线框"，目标更加明确了。

图 5-63

📝 **如何实现点击多个触控显示同一文字**

花的雌蕊只有一个，雄蕊和花瓣却有多个，单击任何一个花药或者花丝应该都可以显示"雄蕊"文本框才对，这里该如何实现呢？一般情况下，得调用 Visual Basic 软件才能实现，但这里可以取巧实现。

第 1 步

制作"雄蕊"的"出现"与"消失"动画，根据雄蕊的数量复制多个文本框，此时复制的不仅有文本框的格式，还有文本框的动画。

第 2 步

为 7 个"雄蕊"绘制 7 个"任意多边形"，在动画窗口选择"雄蕊"文本框动画，逐个设置"触发"对象。

第 3 步

为"任意多边形"设置"移过时突出显示"。

第 4 步

将 7 个"雄蕊"重合，如同显示的一个字。选中所有"雄蕊"文本框，单击【格式】选项卡下【排列】功能区的【对齐】按钮，如图5-64所示，选择【左对齐】和【顶端对齐】时，所有文本框就会瞬间重合。

图 5-64

★ **研习任务** ★

尝试完成花瓣的交互动画。

5.4 奇思妙想之插件应用

5.4.1 PPT 速成工具 iSlide

iSlide 是常见 PPT 插件之一，其 PPT 一键优化效率极高。它的快速排版设计工具能够迅速统一 PPT 字体、色彩、布局、图片格式等。包含主题库、色彩库、图示库、智能图表库、图标库、图片库和插图库等多个库。安装 iSlide 插件后 PowerPoint 多了一个选项卡 iSlide，下面我们就来了解一下 iSlide 插件在哪些方面能够简化我们的 PPT 编辑。

如何快速替换幻灯片中的同一种颜色

如图 5-65 所示，想对幻灯片中多个序号的菱形修改颜色，按照前面的方法需要按住 Shift 键同时逐个单击选中图形，然后选择【绘图工具格式】-【形状填充】修改颜色。有了 iSlide 插件，选择这些"琐碎"的形状只需要一个"智能选择"就能搞定。

图 5-65

第 1 步

单击选中其中一个图形 ■ 按钮，然后在 iSlide 选项卡中选择【设计排版】-【智能选择】，出现【智能选择】对话框。

第 2 步

勾选【填充颜色】，单击【选择相同】，如图 5-66 所示，就能选中所有具有相同填充色的其他形状，再修改图形色彩，就能将所有序号图更换颜色。

图 5-66

如何在所有幻灯片上同一位置显示 logo

我们都有过想在所有幻灯片上显示同一 logo 的经历。你可能是手动一页一页的复制粘贴；也许你技高一筹，把 logo 放在"母版"视图的版式中，但是在同一位置显示其他素材时 logo 又再次被覆盖。iSlide 插件的水印功能可以帮助我们解决这一困扰。

第 1 步

在其中一页幻灯片插入 logo 图片，并且设计排版至恰当位置。

第 2 步

选中该 logo，单击 iSlide 选项卡，选择【设计排版】-【增删水印】，出现如图 5-67 所示对话框，选择【选择幻灯片】-【所有幻灯片】，最后单击【增加水印】按钮，logo 一键添加成功。

图 5-67

如何快速调整对象大小和位置

在 PPT 中对多个元素统一大小非常烦琐，我们只能在选中所有元素后，选择【绘图工具】-【大小】功能修改其高度和宽度来统一设定大小，此时的设置可能不符合需求，但是利用 iSlide 便不需要考虑元素的长和宽需要输入多大的数值。

第 1 步

选择所有需要统一大小的图形。

第 2 步

如图 5-68 所示，单击【设计工具】面板中【大小】选项卡中的【 ⬚ 】（等大小工具）按钮，所有图形将统一调整到最后选中图形的大小，也可以一键就实现图形的等宽、等高设计。

第 3 步

单击【对齐】选项卡中的【 ⬚ 】（左对齐）按钮实现所有元素对齐，如图 5-69 所示。也可通过【参考线布局】选项卡中【一键对齐】到参考线，上下左右任意方向都能快速对齐到参考线上。

图 5-68

图 5-69

如何快速分离汉字笔画

还记得我们在前面一小节中将"学"拆分的过程，每一次都要绘制一个矩形文字，然后同时选中文字和图形通过【合并形状】-【拆分】将文字的笔画逐个拆出来。而在 iSlide 中则是将文字矢量化，转化为形状。

第 1 步

选中文字，单击【设计工具】面板中【矢量】选项卡，如图 5-70 所示，单击【A】（文字矢量化工具）按钮，此时文字已经转化成矢量图。

第 2 步

继续单击【矢量】选项卡中的【 】（取消复合路径）按钮，这样文字中不相连的笔画便已经分离，接下来的步骤便和前一小节的方法一致了。

图 5-70

如何快速导出幻灯片所涉及的字体

当 PPT 中使用了多种字体时，文件拷贝到其他设备上会因字体缺失而造成版面排版错乱，或无法显示。我们可以将特殊文字处理成矢量图片，但会破坏文字的可编辑性。我们也可以在保存文件时选择嵌入字体，但每一次保存文件都很缓慢，使用 iSlide 则可以将所用字体导出打包，一起拷贝到目标设备。

第 1 步

单击【iSlide】选项卡，选择【导出】-【导出字体】，弹出对话框，如图 5-71 所示。

第 2 步

勾选【 字体   】，选中所有字体，单击【更改目录】，最后单击【导出】按钮，便可导出所有字体到目标路径。

iSlide 插件还有很多功能较好补充了我们运用 PPT 过程中的需求，如资源库、PPT 瘦身、PPT 拼图、补间动画制作等，在我们使用的过程中会逐步发现它更多的便捷之处。

图 5-71

5.4.2 PPT"另存为"的妙用

PPT 文件保存的格式一般为 PowerPoint 演示文稿（*.pptx），但在实际应用中，为了便于分享，还可以保存为 pdf 文件、图片、视频等格式。

如何利用 PPT 生成 PDF 文件

PDF 是由 Adobe Systems 所发展出的用与应用程序、操作系统、硬件无关的方式进行文件交换的文件格式。

在实际应用中，当我们需要将 PPT 文件发送出去时，会遇到一些问题，有时因为更换设备而造成部分文字或图片无法查看或者排版错乱，有时还会涉及编辑版权的问题不想将文件直接以 pptx 的格式发送出去，此时转化成 PDF 格式是个不错的选择。选择【文件】-【另存为】，将 PPT 文件保存为 PDF 格式。

如何利用 PPT 生成图片文件

当我们需要将 PPT 中的素材应用于其他地方时，可以将整张幻灯片以图片样式保存，也可以将幻灯片中的图片素材另存。

★ 方法一

将幻灯片导出图片。选择【文件】-【另存为】，将【保存类型】设置为 GIF、JPEG、PNG 等格式后，再单击【保存】，弹出对话框如图 5-72 所示，根据需要选择【所有幻灯片】或【仅当前幻灯片】，前者会将所有幻灯片都保存下来，生成若干图片，后者则仅仅保存当前所选定的幻灯片。

★ 方法二

将幻灯片中的某一元素导出。选中图片元素，单击右键打开快捷菜单，选择【另存为图片】。

图 5-72

> 📂 **技巧收藏夹**
>
> 图片的储存格式有很多，PPT 导出的图片主要有这几种：GIF 格式是图形交换格式，不支持透明通道；JPEG 格式是目前网络上最流行的图像格式，是可以把文件压缩到最小的格式；PNG 是便携式网络图形，支持透明通道，在另存幻灯片图片或文字时经常选用，我们在保存时需根据需求选择合适的格式。

如何利用 PPT 生成视频文件

PPT 应用群体越来越多，应用范围也越来越广，利用 PPT 编辑视频或者直接将 PPT 生成视频格式的需求越来越多。将 PPT 嵌入视频编辑却并非易事，经常要利用录屏工具将 PPT 录制成视频，再利用专业的视频编辑软件进行编辑。PPT2010 后的版本则能将 PPT 文稿简单剪辑与合成视频，生成 WMV、MP4 格式视频，各系统均可使用视频播放软件播放，也可嵌入视频编辑。选择【文件】-【另存为】，将"保存类型"设为 WMV 或 MP4 格式保存文件。

📁 技巧收藏夹

　　一般情况下，视频储存是根据幻灯片的切换和动画设置自动生成动画，如果我们对视频的质量和时间有特别的要求，可以选择【文件】-【导出】，如图 5-73 所示，选择全高清、超高清、高清或标准，对每张幻灯片的播放时间进行设置，最后单击【创建视频】按钮。

图 5-73

★ 研习任务 ★

1. 利用 iSlide 插件为 PPT 添加"×××作品"logo。
2. 将 PPT 作品导出生成 MP4 视频文件。

★思考题

利用本章所学技巧改编自己常用的 PPT 演示文稿。

Chapter 06

第六章　数字化资源的管理

本章学习目标

1. 能使用网络软件实现远程交互。
2. 能根据需求选择使用云存储空间并规范文档存储。
3. 能通过使用网络协同软件提高办公效率。

本章学习要点

本章 6.1 节从常见的 QQ 远程协助入手，在一对一情况下实现远程协助，解决对方电脑使用过程中的问题，可以请求对方协助或协助对方。在需要远程操作而对方电脑无人操作时，可使用 TeamViewer 来远程控制、访问对方电脑。微信公众平台可以在不影响受众群体的情况下，一对多的信息发布。网络视频平台可实现实时多人在线交互。6.2 节则聚焦网络上众多的"云"，帮助我们比较其特点，并以"微云"为例从安装、上传、下载、实时同步等方面作详细阐述；以我们常用而又极为容易忽略的"云"——邮箱入手，讲解其与"微云"间的相互补充，并带领我们创建邮箱收信规则。6.3 节则聚焦于日常浏览网页时需及时记录备忘的信息工具，通过网络记事的方式改变传统纸质记事的习惯；介绍网络协同办公（异地办公）的文档创建方法，让协同办公软件帮助我们异地在线收集、处理信息，提高效率。

本章知识导学图

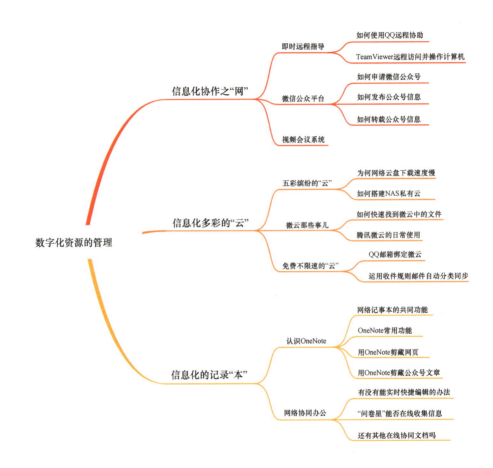

你的学习计划

学习内容		概念	实践	问题	成果
信息化协作之"网"	即时远程指导				
	微信公众平台				
	视频会议系统				
信息化多彩的"云"	五彩缤纷的"云"				
	微云那些事儿				
	免费不限速的"云"				
信息化的记录"本"	认识 OneNote				
	网络协同办公				

6.1 信息化协作之"网"

6.1.1 即时远程指导

刘老师是南校区课件制作爱好者，在制作课件过程中我们会就一些技术小问题进行讨论，虽经常电话沟通，但不能完整确切表达本意，讨论经常南辕北辙，有没有办法能提高效率？

如何使用 QQ 远程协助

在学习和工作中，我们有时会需要远程求助他人或是需要远程指导他人。我们常使用的 QQ 就能实现这个功能。在电脑上登录 QQ，手机 QQ 是无法发送远程协助的，添加对方为好友，添加需要协助或指导自己的好友后才可以发送远程协助申请（如果已经是好友就不需要再添加了）。

当前面的步骤都已经完成，单击聊天窗口右上角【…】按钮，在弹出按钮选项里找到第五个按钮，单击之后有两个按钮：【请求控制对方电脑】和【邀请对方远程协助】。如果是你帮助对方需要操作对方电脑，单击【请求控制对方电脑】按钮；如果是请求对方帮助，需要对方操作自己的电脑，则单击【邀请对方远程协助】按钮。

例如，程老师遇到一个电脑问题，想邀请刘老师协助操作电脑，在 QQ 软件对话框中单击【邀请对方远程协助】按钮后，刘老师的 QQ 上显示如图 6-1 所示。

图 6-1

刘老师单击【接受】按钮后，就可以协助程老师操作电脑，开始远程协助。

当远程协助完成之后，被协助方单击【取消】按钮或者协助方单击【断开】按钮，就可以结束协助状态。

TeamViewer 远程访问并操作计算机

有时需要在校外复制学校办公室计算机上的文件，但是学校计算机旁没有人操作，这时 QQ 软件的远程协助功能就无法使用。在这种情况下，可以用另外一种能远程控制电脑的软件 TeamViewer，在需要远程访问的两台计算机上下载并安装 TeamViewer 软件。安装完成后，系统会自动分配一个数字组成的帐号及相应的密码。

★ 创建帐户

运行 TeamViewer 软件，单击左侧【登录】按钮后，在右侧窗口里选择【注册】，弹出【创建 TeamViewer 帐户】窗口，如图 6-2 所示。输入未曾在 TeamViewer 注册过的电子邮件地址、密码，到相应邮箱收取邮件，进行电子邮件确认，激活之后即完成帐户创建。

图 6-2

★ 远程访问

如何进行首次远程连接呢？在需要远程访问的计算机上安装 TeamViewer，在本地计算机运行 TeamViewer，如图 6-3 所示，在【控制远程计算机】中【伙伴 ID】里输入远程计算机的 TeamViewer ID(一般为 10 位数字)，在左侧选择【远程控制】单击连接后，输入远程计算机密码，单击【登录】按钮，此时就可以连接到远程计算机，我们可以像直接坐在计算机前一样在那台计算机上工作。

第六章 数字化资源的管理

图 6-3

远程控制后被控制端计算机的桌面呈现黑色，被控制端计算机桌面如图 6-4 所示。

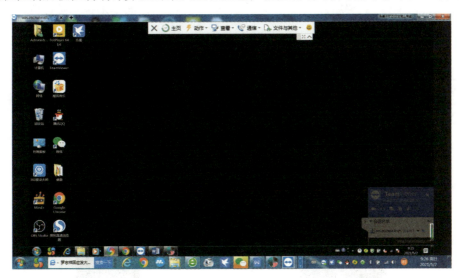

图 6-4

★ 远程复制文件

在远程控制状态下，可以打开顶部菜单，选择【文件与其他】打开文件传送窗口进行文件传送，如图 6-5 所示，左侧窗口为本地计算机，右侧窗口为远程计算机，可将需要复制的文件夹或文件从任意一个窗口里拖动复制到指定文件夹，完成复制操作。

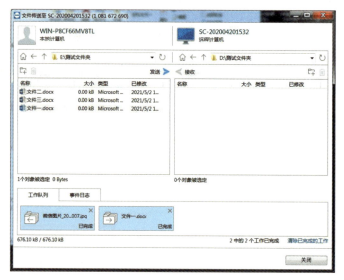

图 6-5

6.1.2 微信公众平台

微信公众平台，简称公众号，曾被命名为"官号平台""媒体平台""微信公众号"，最终定位为"公众平台"，利用公众帐号平台进行自媒体活动，简单来说就是进行一对多的媒体性行为活动。

📝 如何申请微信公众号

通过浏览器搜索"微信公众平台"，点击进入官方微信公众平台，如图 6-6 所示。已有帐号的可以直接输入帐号、密码登录进入微信公众平台。

图 6-6

还未申请微信公众平台帐号的可以单击【注册】按钮。如图 6-7 所示，根据需要选择帐号类型。

图 6-7

进入【信息登记】界面,如图 6-8 所示,选择【主体类型】。

图 6-8

进入【公众号信息】界面,如图 6-9 所示,编辑微信公众号信息,输入帐号名称、功能介绍、运营地区等。单击【完成】按钮后进入公众号平台。

图 6-9

如何发布公众号信息

在新的创作板块下选择合适的类型，如图6-10所示，插入一张图片作封面，编辑120字以内的公众号简介摘要。

图 6-10

完成后单击【保存并群发】按钮，这样信息就可以被多人看到。消息发送成功后，对方就会收到通知信息，自主选择收看消息，如图6-11所示。

图 6-11

如何转载公众号信息

通过公众号可以用转载方法将发送的消息分享给更多的人，为了注重原作者版权，要保留原公众号的地址。用户可以关注公众号，在公众号平台发布消息后，用户就可以及时阅读有关信息。

6.1.3 视频会议系统

当学习者及其辅助者（包括教师、专家、辅导者、同伴等）在共同构成的团体内彼此之间实时学习交流，分享资源，共同完成学习任务时，我们需要新的能满足多人交流学习的软件，比如腾讯会议等。

从腾讯会议官网下载安装腾讯会议。用微信号或手机号快速注册，不需填写其他任何信息。

★ 调试设备

单击图 6-12 右上角【设置】按钮进入【设置】窗口，选择【视频】选项，在【选择设备】里，可以选择计算机摄像头，如果有外接设备也可以选择外接视频设备；在【视频】菜单中可以设置【视频镜像效果】，还可以设置【视频降噪】【暗场景增强】等。在【音频】菜单中可以设置【扬声器】【麦克风】【音量】等，还可以勾选【自动调整麦克风音量】等。

★ 虚拟背景

单击【设置】窗口中的【虚拟背景】选项，在【选择虚拟背景】中可以选择图片作为自己的会议背景，如果窗口中没有需要的图片，可以单击下方【更多背景】按钮进入虚拟背景专区，有更多图片可供选择作为会议背景，以增强会议效果。【选择虚拟背景】窗口下方有【我有绿幕】选项，勾选之后，单击【确认开启】按钮可以使用绿幕获得更高质量的虚拟背景。

图 6-12

★ 加入会议

我们可以通过单击【快速会议】【预定会议】按钮发起会议，可通过微信、短信、QQ、邮件等形式邀请成员【加入会议】。如图 6-13 所示，会议的其他成员可通过在计算机或手机客户端输入会议号、单击微信/QQ/短信的链接入会、在腾讯会议小程序输入会议号等方式加入会议。如在 15 分钟之内要开会，可选择【快速会议】，一键快速邀请成员加入会议；也可以将会议号页面复制给需要参会的人或分享到群，参会人员根据自己的情况选择加入会议的方式。

图 6-13

★ **会议管理**

会议主持人可以用会议窗口下方的功能按键对会议进行管理,保障会议有序进行。如图 6-14 所示,主持人可对全体成员语音、视频状态进行设置,对会议成员进行静音、应答请求发言等操作,可将【共享屏幕】设置为全体成员可共享,或设置为仅主持人可共享。如某一位会议成员需要【共享屏幕】,可将桌面或程序窗口共享到所有参加会议人员的屏幕,如图 6-15 所示。

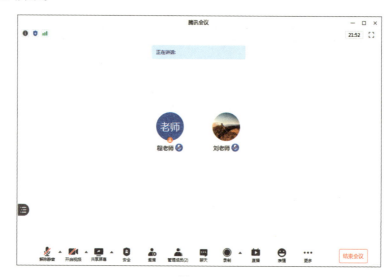

图 6-14

图 6-15

★ 研习任务 ★

通过学习本节内容,给自己的班级创建公众号,并通过公众号发布内容。

6.2 信息化多彩的"云"

6.2.1 五彩缤纷的"云"

简单来说,云存储其实就是云盘,例如阿里云、腾讯云等,就是将存储资源放到云上供用户存取的存储方式。用户可以在任何时间、任何地点,通过任何可联网的装置连接到云上方便地存取数据。云存储可以提供海量、安全、低成本、高可靠性的服务。云存储能节省 PC 端存储资源,节省带宽;数据传输速度快,节省时间;支持多个平台协同化办公;可进行文件去重,节省空间,提高存储空间的利用率。

常见的云盘品牌很多,常见的有百度云,如图 6-16 所示;腾讯微云,如图 6-17 所示;天翼云盘,如图 6-18 所示;和彩云,如图 6-19 所示……

图 6-16

图 6-17

图 6-18

图 6-19

百度云,是百度旗下比较有竞争力的产品,是目前国内网盘领域的霸主。初始 2T 的空间(2T=2048G),适合存储大文件。百度云登录账号就是百度账号,百度账号可以使用百度旗下的所有产品。

腾讯微云是腾讯旗下的网盘工具,可以通过微云方便地在手机和计算机之间同步文件、推送照片和传输数据。没有 U 盘的时候,我们可以利用网盘上传保存文件,非常方便。缺点是容量比较小，普通用户如果存储文件超过 10G，虽然可以下载和访问文件，但上传新文件会受到限制。腾讯的微云帐号跟我们平时使用的 QQ 帐号是一样的。

天翼云盘，中国电信旗下的存储服务，用户可以通过网页、PC 客户端及移动客户端随时随地把照片、音乐、视频、文档等轻松地保存到网络，无须担心文件丢失。可以用手机号码登录使用，支持电信、联通、移动手机号码，支持多种终端。优点是不限速，文件小于 300MB 可以免登录及转存直接下载，上传文件不限大小，有免费文件同步功能。缺点就是初始空间容量小，上传速度不太友好（需开会员），大于 20GB 需要登录及转存才能下载，还需要下载客户端操作。

和彩云，中国移动旗下的个人云网盘，专业、智能、不限速，中国移动注册用户有 16G 免费空间，非中国移动注册用户提供 8G 的免费空间。依托移动公司独有的服务器、带宽资源及先进的 5G 技术支持，上传下载速度也非常快，稳定可靠。缺点是不提供实时同步盘功能。

网盘可以分为"备份网盘"和"同步网盘"两个类型。"备份网盘"的定位是存储，用它来备份不常用且占用磁盘空间大的本地文件，而"同步网盘"定位于同步本地文件，更适合办公使用。我们使用网盘时要根据自己的实际需要，选择适合自己的网盘。

为何网络云盘下载速度慢

大家还记得 360 云盘吗？2016 年 10 月 20 日，360 云盘逐步关闭个人云盘服务，转型企业云服务。

大多数用户习惯了使用免费模式的云盘，但云盘的存储成本和带宽成本非常高，这让企业难担重负。于是我们看到了当初众多兴冲冲的企业纷纷相继关闭了各自的云盘产品，一些企业对免费用户采取限速的手段迫使用户购买服务，所以即便你有百兆带宽，但在使用网盘时，也就 100k 左右的速度，明明宽带带宽很大，网速很快，但云盘给用户分配的带宽却非常有限。

如何搭建 NAS 私有云

如何让数据在自己手里更加安全？这就出现了私有云产品。NAS 就是提供无限制的私人网盘，可通过 QuickConnect 服务或私人域名，随时随地调用自己的文件。

目前群晖就是比较好用的一个 NAS，如图 6-20 所示，具有数据共享、数据备份、远程访问、数据同步、数据安全等功能。

★ 家庭 NAS 的搭建

NAS 可以连接在光猫下接的无线路由器上，网络拓扑图如图 6-21 所示。如果路由器具备端口映射功能，群晖 NAS 自身提供了相应的外网访问地址，则可以实现远端外网访问内网 NAS 功能。

图 6-20

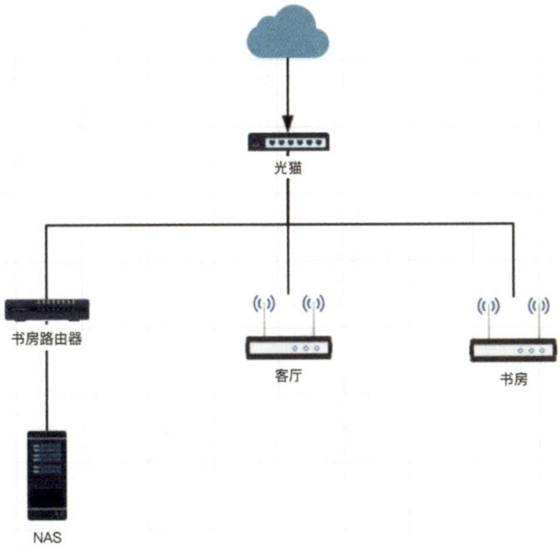

图 6-21

★ 智能移动设备的 NAS 连接

第 1 步

智能终端安装软件 DSfile、DS Cloud、DS Video、DS get 和群晖管家，如图 6-22 所示。

图 6-22

第 2 步

输入 NAS 的访问地址，通过帐号、密码就可以外网访问 NAS 实现数据分享。

★ 电脑端的 NAS 连接

方法 1

在浏览器输入 NAS 的局域网 IP 地址或远程访问地址，登录群晖 DSM 系统后台，如图 6-23 所示。

图 6-23

方法 2

通过电脑上的设置，将 NAS 里的文件夹映射成本地硬盘，如图 6-24 所示；这样访问映射盘时就像是访问本地硬盘一样了。

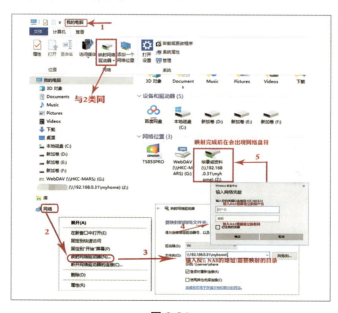

图 6-24

方法 3

群晖提供了远程访问功能，在后台设置后，就可以通过内网或外网随时随地读取 NAS 中的资料了，如图 6-25 所示。

图 6-25

6.2.2 微云那些事儿

大家在生活中难免会碰到没有 U 盘的时候，其实通过网络云盘上传、保存、移动文件非常方便。提供云服务的厂商很多，各有各的特点。下面我们一起了解腾讯微云的基本应用。

从腾讯微云官网下载安装，如图 6-26 所示，在登录时可以选择已登录的 QQ 号登录微云。

图 6-26

如何快速找到微云中的文件

我们在日常教学过程中经常会产生很多文件，如果不按类别分类存放，时间久了，要想找一个文件会花费很多时间，降低工作效率。我们可以在硬盘和微云里规范化地命名文件夹和文件。

文件的命名与排序是有关联的，常用的命名方法是：

文件夹名 = 两位数字 + "-" + 文件夹名

如图 6-27 所示，如："01- 常用软件""02- 教学资源"……

文件名 = 两位数字 + "-" + 文件名

如："01- 演讲比赛"、"02- 培训课件"……

图 6-27

这样文件夹会按前两位数字的大小进行升序或降序的排列。一般命名的方法还可加上日期，这样用的时候就可以日期排序，比如存储照片的文件夹就可以这样命名："20200801 网安竞赛""20210406 交流学习"。

腾讯微云的日常使用

★ 上传文件

保存到微云，以后在其他地方可登录微云查看文件。如图 6-28 所示，单击【上传】按钮，选择【文件】按钮，在弹出的窗口里选择需要上传的文件，单击【打开】按钮则开始上传。上传成功后文件将显示微云窗口。除了用上传按钮上传之外，还可以用鼠标拖动文件到目的文件夹进行上传（文件夹不可用拖动的方法上传）。

第六章　数字化资源的管理　179

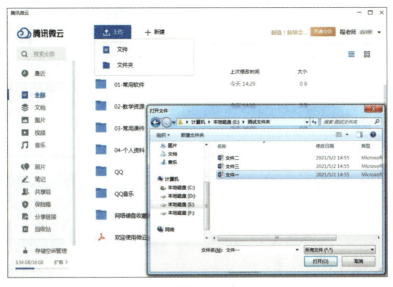

图 6-28

★ 下载文件

从微云上下载文件或文件夹到本地硬盘。如图 6-29 所示，选中微云的文件或文件夹，单击【下载】按钮，在"另存为"窗口选择目的文件夹，单击【保存】按钮即可。也可以单击右键需下载的文件或文件夹，在弹出的快捷菜单中选择【下载】。从微云里下载单个文件，则微云不压缩，直接下载原文件；如选择多个文件或文件夹，则微云会压缩打包下载。

图 6-29

★ 分享文件

如果我们想分享资料给朋友，受文件大小和时间等限制，有时直接发送不太方便；可采用链接分享，发送链接给对方，让对方进入链接自行下载，无时间限制。分享微云文件给其他成员，可方便他人异地获取分享的资料。在分享链接前需按照前面的步骤上传文件，然后就可以分享链接。单击右键选中需分享的文件或文件夹，在快捷菜单上选择分享，系统自动生成分享链接，如图 6-30 所示，单击【复制】按钮，然后将链接粘贴给对方即可，对方可以在任意时间用浏览器打开即可下载，如图 6-31 所示。

图 6-30

图 6-31

★ 同步文件

我们编辑的文件都在本地。当我们想把这些文件存储到微云上,是不是每一个文件都要上传呢?其实不用这么复杂。我们可以从官网下载微云同步助手,如图 6-32 所示。安装后启动同步助手,如图 6-33 所示,可以使用账号、密码进行登录,也可单击右下角【QQ】按钮,用手机 QQ 扫描二维码登录进行快速登录。

图 6-32

图 6-33

登录后,在设置同步目录窗口设置微云目录和本地目录相对应。如图 6-34 所示,选择【设置同步目录】后,将自动下载微云目录到本地,并同步更新本地目录。

图 6-34

如图 6-35 所示,单击【开始同步】按钮,微云同步助手会自动同步更新微云目录与本地目录中文件夹和文件。此时不用再担心忘记上传文件,同步助手会自动帮助同步更新。

如果同步助手不能完全满足同步要求,如图 6-36 所示,我们可以单击右上角【☰】按钮,设置同步助手设置选项,设置【开机自动启动】【设置同步目录】等。

图 6-35

图 6-36

扫描封面上的二维码，观看微云同步盘设置过程视频。

6.2.3　免费不限速的"云"

网络云盘起初为广大用户提供免费的空间内存，随着用户的增多，如果将下载速度完全开放将会有更大的带宽成本支出；文件传输带宽越大，软件运营需要支付的费用就越高。因此网络云盘对免费用户进行限速，普通用户下载网盘的东西，速度基本在几 KB 到几十 KB 之间。如何变通地解决这个问题呢？其实我们日常使用的邮箱也具有"云"功能。

QQ 邮箱绑定微云

使用 QQ 邮箱写信添加附件时，在下拉菜单中选择【从网盘中选择】，在对话框中选择【从微云选择文件】即可自动绑定，如图 6-37 所示。

图 6-37

在 QQ 邮箱收信时，附件可以下载到本地以及预览和收藏，还单击【转存到微云】，如图 6-38 所示，这样就在云端共享了。

图 6-38

在 QQ 邮箱的文件中转站中的文件也可以上传到微云，如图 6-39 所示，这样就可以在不同设备上访问文件了。

图 6-39

运用收件规则邮件自动分类同步

第 1 步

新建文件夹并按照分类规则分类命名文件夹，如图 6-40 所示。

图 6-40

第 2 步

收件人创建和启用邮件收件规则，设置各种过滤条件，让收到的邮件自动对照收件规则同步到对应文件夹中，如图 6-41 所示。

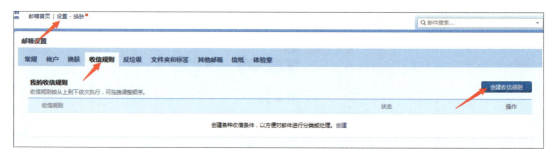

图 6-41

第 3 步

告知邮件发件人按预设的"关键字"编写主题，并发送邮件。

第 4 步

收件人接收到邮件时，文件就能自动按照预设的"关键字"移入对应文件夹中。这样，收件人就可以直接从对应的文件中查看，如图 6-42 所示。

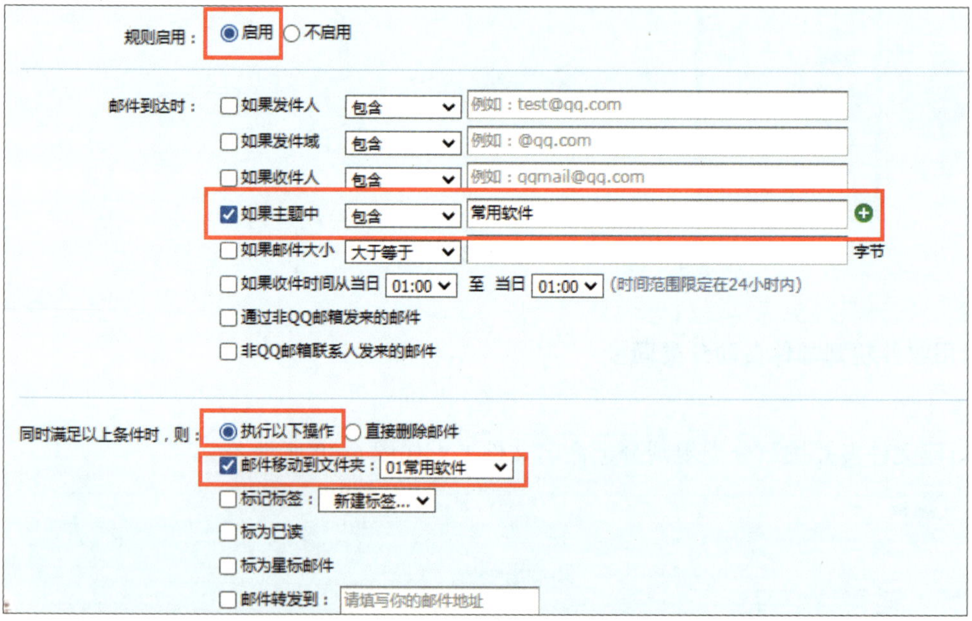

图 6-42

日常使用的其他邮箱都具有收信分类功能，如图 6-43 所示网易免费邮箱。

我们还可以把文件通过自己邮箱发送邮件给自己，这样就把不同类型的文件按预设分类进行云端同步管理和使用了。

图 6-43

扫描封面上的二维码，观看邮箱收件规则设置过程视频。

★ 研习任务 ★

登录自己的微云帐号，把电脑中某一个文件夹同步到微云里的某一个文件夹，实现微云同步。

6.3 信息化的记录"本"

我们日常需要记录一些信息或者笔记，可以用 Word 文档或者系统自带的便签工具，还可以用多平台同步的网络记事本。网络记事本不仅可以通过多种设备随时随地访问和编辑，而且由于存储在服务端，无须担心丢失，且可以与他人共享甚至是多人实时协同编辑，具备本地记事本所没有的优势。常见的网络记事本有印象笔记、有道云笔记、OneNote 等。

6.3.1 认识 OneNote

如图 6-44 所示，OneNote 属于 Microsoft Office 套件之一，但 OneNote 已经从 Office 里面单独出来。也就是说，无论计算机上有没有安装正版 Office 软件，你都可以在微软市场里免费获取 OneNote 软件。OneNote 的编辑功能不仅非常强大，而且和其他 Office 软件套件一脉相承，这也意味着它非常容易上手，用户几乎不需要学习成本。

图 6-44

网络记事本的共同功能

大多数的网络记事本、知识管理软件均具备多类型文件插入、跨平台同步、多层级内容管理等功能，如图 6-45 所示。

可插入多种文件类型：使用 OneNote 软件做笔记可以插入多种类型的文件，不仅仅是 PDF，连 Word、PPT 和 Excel 都能打开插入，这对于需要批注的内容来说非常方便。

多平台同步：OneNote 实现了多平台文件内容的同步。有时你是在电脑上记录笔记，在 iPad 上通过手写功能又补充了某些想法，这时同步更新很重要。OneNote 就很好地实现了这个功能。只要用微软账号同时在不同客户端登录，就可以非常方便地同步你的笔记。无论你是 iPhone、iPad、Mac、Android 还是 Windows，都可以使用 OneNote 并且进行实时同步。

多层级的笔记本分类系统：OneNote 的笔记本分为三级：笔记本——分区——页面。这样就可以分好几个记事本，然后再分好几个分组，分组下再分页，可以有三级目录，很直观，类似于纸质笔记本的分类整理；利用常规思维，更易上手和分类。多层级分类和颜色区分将文档的层级关系整理得井井有条，很方便找到笔记。OneNote 的系统很像一本书，书中有章，章下有节，节下有页。在【笔记本】下可建立:【分区组】-【分区】-【页】-【子页】。

图 6-45

这种树状结构很适合知识管理，逻辑层次清晰、友好。分区组中还可以建立分区组，算是有无限层级了。每页的名字也可以设置，还可以搜索关键词查找笔记，复制文字时候如果有超链接还可以保留网站的链接，比 TXT 记事本强大无数倍。

OneNote 常用功能

建立新笔记本：就如 Word 软件使用一样，我们从【文件】-【新建】菜单，来建立新的笔记本。新的笔记一般直接建立在 OneDrive，可以将笔记实时备份到云端，在多台设备间同步。由于 OneDrive 服务器在国外，时常出现同步失败等问题。因此，我个人在使用时，将笔记本的文件建立在微云的同步盘里，这样每次打开电脑，微云同步盘运行后，就将 OneNote 的笔记内容很快做了同步更新。

复制图片中的文字：还记得在第一章中，如何获取网页中的文字吗？我们通过 QQ 截图识别。我们可以将图片粘贴到 OneNote 中，【右键】-【复制图片中的文本】-【粘贴】，就可以识别图片中的文字了。

标记管理：区别于 EverNote 等笔记应用，OneNote 不给每一则笔记打标签，而是给笔记中的具体某一段落的【知识点】做【标记】，这样笔记的归类更方便，搜索更容易。在笔记页中，【标记】会在正常段落前探出一个身位（缩进的反效果），在整篇笔记中查看就会非常醒目和美观。OneNote 自带几个默认标记，而更多标记可以自定义——选择喜欢的图标，并为之命名。例如，我日常在听课的时候，除了记录听课的内容，还需要实时记录一些听课心得。为此，我设置了【值得学习】【需要改进】【批注】三种标记，如图 6-46 所示，这样就可以将此内容区别出来。

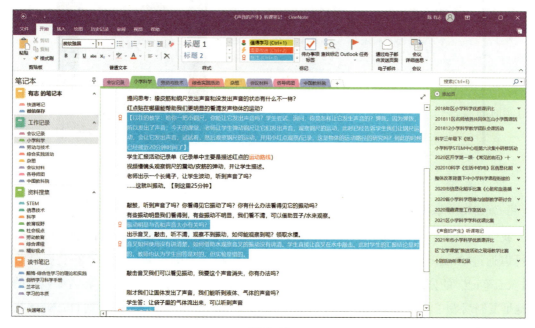

图 6-46

停靠到桌面：做笔记时，尤其多个窗口同时使用时，经常面临空间不够用，需要反复的调整窗口大小，而 OneNote【停靠到桌面】就会默认停靠在右侧。当打开另外一个窗口的时候，该窗口会自动缩小。无论怎么移动窗口，OneNote 都置于最顶部。

自由布局：OneNote 的页面里可以实现自由排版，不受纸张的限制，可以在页面的任何地方插入想要记录的内容。在一个页面的不同地方都可以随意键入想写的字，且笔的颜色、大小、种类都可以自行选择，超级方便。可以在 OneNote 的页面中，选中任意文字或图片将其移动到页面的任何位置，方便插入内容到之前的笔记本中。

用 OneNote 剪藏网页

当 Edge 浏览器与 Clip to OneNote 插件相配合，即可将网络中的任何内容保存到 OneNote。如图 6-47 所示，快速将网页捕获到 OneNote，以便轻松编辑、批注或共享，还可以删除网页中杂乱的内容，只剪辑真正需要的文章信息，而这些剪藏的内容可以同步到任何计算机、平板电脑或手机上，随时随地访问剪辑的网页。

图 6-47

用 OneNote 剪藏公众号文章

我们关注的微信公众号中一些有用的文章，可以通过微信的收藏功能来后续继续学习；还可以通过 OneNote 及时收录，并在电脑端、平板端、手机端阅读。这里的关键是关注"微软云笔记"的公众号，并按照公众号的提示绑定自己的 OneNote 帐号，将需要收藏的文章地址复制后发送给"微软云笔记"，微软会将该文章的具体内容帮你保存到 OneNote 帐号下的"微信保存"分区。

除了上述讲到的两种收集内容方式，还可以通过手机端徽章功能、Outlook 剪藏等操作，可以参考图 6-48 所示。

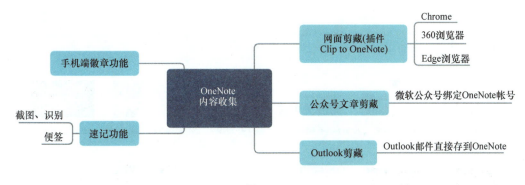

图 6-48

6.3.2　网络协同办公

在分组教学活动中，经常需要各小组填表汇总，如果全班 10 个小组使用 Excel 统计信息，你就会收到 10 个表格或者 10 个信息，需要依次手动添加条目内容。

有没有能实时快捷编辑的办法

腾讯文档就是一款可多人同时编辑的在线文档，无须注册，可以通过 QQ、微信一键登录，可同时编辑 Word、Excel 和 PPT 文档，云端实时保存，还可以对 QQ、微信好友设置文档访问和编辑权限。

★ 创建文档

打开腾讯文档，如图 6-49 所示，新建空白文档或者可导入本地文档，支持文档有 Word/Excel/PPT/PDF/ 收集表等多种类型。

图 6-49

也可以从免费模板中导入模版,如图 6-50 所示,如教学设计、信息收集、在线办公、在线教育等,创建表格一键就能制作。

图 6-50

★ 编辑文档

腾讯文档支持多人随时随地在线编辑;编辑文档时内容实时云端保存;离线也可以编辑,网络恢复后就能自动同步云端,不需要反复收发文件,就能实时查看协作者的修改内容,如图 6-51 所示。

图 6-51

★ 分享文档

腾讯文档分享时设置协作者的阅读和编辑权限，编辑权限云端可控，还可以自主针对 QQ 和微信好友设置文档访问权限；如图 6-52 所示。

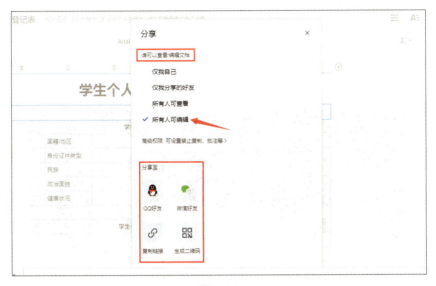

图 6-52

★ 保存文档

腾讯文档实现了云端实时保存，在线文档可导出为本地文件，如图 6-53 所示。

★ 特色功能

腾讯文档可在电脑端（PC 客户端、腾讯文档网页版）、移动端（腾讯文档 App、腾讯文档微信/QQ 小程序）、iPad 等多类型设备上随时随地查看和修改文档。还具有自动实时翻译功能，适合英语学习，如图 6-54 所示。

图 6-53

图 6-54

📝 "问卷星"能否在线收集信息

"问卷星"当然也能快捷采集 10 个小组的填写数据。如图 6-55 所示,"问卷星"是一个专业的在线问卷调查、投票平台,可以在线设计问卷、采集数据、自定义报表、分析调查结果等。与传统调查方式和其他调查网站相比,问卷星具有更加快捷、易用等优势,调查结果便于统计处理与分析,老师们经常用于测验分析。与腾讯文档相比,问卷星的个体用户无法实时在线了解到其他用户的数据,多次提交后收集的数据冗余、重复累计,后期编辑处理时间长。

图 6-55

📝 还有其他在线协同文档吗

石墨文档就是一款适合基础教育阶段老师们日常使用的在线协作文档。如图 6-56 所示,石墨文档在线协作可使老师们备课磨课省时、省力、省心,将以往老师们你一言我一语地交流方式升级到通过协作邀请,共同在文档内直接标注或是批注,而且利用文档内的历史记录还能更好回溯整个讨论过程,让学科教研插上信息化的翅膀。

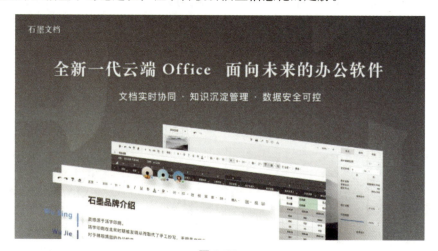

图 6-56

很多协同办公软件如腾讯文档、石墨文档、金山文档、360 在线文档等都纷纷上线了微信小程序,经常微信办公的人就可以通过微信小程序解决轻量化协作办公问题了。

📖 **拓展资料**

1. 印象笔记 EverNote：重视随时随地记笔记，便捷的图片导入，方便拍照、实体纸张记录后插入。

2. 为知笔记 Wiz：注重个人知识管理，对来源于网页、电子文件（Office 三件套、PDF 等）的资料比较友好，方便用户记录每天的日记，特别是九宫格日记。

3. Notion：不仅是一款优秀的个人笔记软件，其功能还涵盖了项目管理、Wiki、文档等。它将"万物皆对象"的思维运用到笔记中，让使用者可以天马行空地去创造、拖拽、链接。

★ **研习任务** ★

1. 有道云笔记可以使用网易邮箱直接登录，对比后，选择一种符合个人习惯的网络记事本。

2. 有些网盘已经消失，如新浪微盘，有些网盘正被广大用户使用，如坚果云，还有一些商家推出了自己的私有云产品，如玩客云，搜集整理这些信息。

★ **思考题**

结合第一章网络信息道德，思考如何对自己的资源管理做整体规划。

术语、技巧索引

术语、技巧	页码	术语、技巧	页码
搜索关键词	3	拍摄视频	69
图片识别	5	分镜视频	75
限制文字复制	7	视频剪辑	77
图片获取	10	音频剪辑	83
下载网络视频	13	图片转视频	88
录制屏幕	15	情境动画	99
绿色上网	17	讲述动画	105
保护隐私	18	二维动画	119
软件安装	19	PPT 处理图片	127
加密文件	21	月相图制作	135
手机拍摄参数	25	PPT 动画效果	138
挑选存储卡	28	PPT 倒计时效果	142
拍照模式选择	29	PPT 流动霓虹	144
特殊场景	31	PPT 细节放大效果	147
打印照片	33	PPT 制作汉字笔顺	148
图片格式	33	PPT 3D 展示效果	150
色彩调节	37	PPT 制作导航栏	153
图层	41	PPT 交互动画	155
证件照制作	44	PPT 多种插件	158
抠图技巧	45	PPT 另存为	160
利用光线做效果	49	远程协助	165
换脸	52	微信公众平台	168
批量修改图片	55	视频会议系统	170
视频格式	60	云存储	173
分辨率	63	微云	177
解码	64	邮箱免费云	182
转换视频	64	OneNote	185
特殊视频	68	协同办公	189